梦想的能量

行者 编

群言出版社
QUNYAN PRESS
·北京·

图书在版编目（CIP）数据

梦想的能量 / 行者编 . -- 北京 ：群言出版社，2015.9
（精品读者）
ISBN 978-7-80256-923-2

Ⅰ . ①梦… Ⅱ . ①行… Ⅲ . ①散文集 - 中国 - 当代 Ⅳ . ① I267

中国版本图书馆 CIP 数据核字 (2015) 第 231610 号

责任编辑：朱前前
封面设计：丁　语

出版发行：群言出版社
社　　址：北京市东城区东厂胡同北巷1号（100006）
网　　址：www.qypublish.com
自营网店：https://qycbs.tmall.com（天猫旗舰店）
http://qycbs.shop.kongfz.com（孔夫子旧书网）
http://www.qypublish.com（群言出版社官网）
电子信箱：qunyancbs@126.com
联系电话：010-65267783　65263836
经　　销：全国新华书店
法律顾问：北京天驰君泰律师事务所

印　　刷：三河市天润建兴印务有限公司
版　　次：2016年6月第1版　2016年6月第1次印刷
开　　本：710mm × 1000mm　1/16
印　　张：14
字　　数：170千字
书　　号：ISBN 978-7-80256-923-2
定　　价：26.80 元

目录
CONTENTS

第一辑 爱你，像你爱我一样

第二辑 梦想的能量

第三辑　指尖流过的沧桑

第四辑　最美好的时刻

第五辑　生命的姿势

第一辑

爱你，像你爱我一样

视线之外的视线

◆茉莉淡开

1

再一次回到家乡时，他又成了众人的焦点。他们都在电视里看到过他的表演，虽然他只是一次次跑龙套的小配角，但在这个小乡村里，出一个演员是极不容易的，所以，几乎每部电视剧，乡亲们都会仔细寻找他的身影。

他这次回来是很偶然的一次机会，剧组就在离他家不远的地方拍一部武戏，他在戏里客串了一个小角色，离家不远的他就想回家看看。上次，在电话里母亲说，你好好在外面忙，家里面有你的两个姐姐照顾着，不用操心。

每一次都这样说，他也就心安理得地在外面忙着。天知道他是怎么“忙”，每天在电影制片厂门口等戏，成了他最“忙”的活，好在后来演得熟悉了，不必每天为了生活去那里等，但片酬不高，依旧半死不活地撑着。

虽然这样，演戏依旧是他的理想。他喜欢回到家里，看同乡们围着他，问很多关于演戏的问题，这样，他心里的焦点就集中到了成就感上，作为一个男人，他认为这一点很重要。他就津津有味地讲拍戏过程中的有趣事、惊险事还有穿帮的事。

大家围在他周围听着，细槐树树荫下，母亲忙着给大家端茶送水，都是乡里乡亲的，他的荣耀也是这个家的荣耀，那些人就心安理得地喝着茶水，然后听他讲故事。从小，他就因为父亲早早与母亲离婚而受了歧视和欺负，他感觉现在的他终于让局面回转过来了。

母亲有时也在送茶水的间隙里问上两句，但大都是遭大家笑的，这些乡亲，也看过几本书，也知道戏里面都是假的，但母亲却好像不知道，常常成为笑料。

那次，他讲自己演一个小跟班，被主人砍了一刀之后踢下山崖。突然母亲就在一边发问了，那山高不高，于是乡亲们就笑，笑母亲的无知，是善意而附和着自己理解的笑。他也笑，那只是个镜头而已，其实没什么。

母亲也跟着笑了，边笑边说，你看我，什么都不懂。

2

知道他在附近不远的地方拍戏，母亲竟然和姐姐一道来了剧组。

母亲的到来，让他觉得有些手忙脚乱。剧组的人都是牛气烘烘的，导演是个大胡子，更是满脸的威严，这些天脾气非常不好，那天，竟然把一位知名演员给骂了一通。大家都知道，这部戏投入少，而且制片人反复改剧本，导演几次想散摊子。

那天，有他的一场戏。其实他在这部电视剧里，只是扮一个小随从的角色。戏份儿不多，但颇不好演，因为片酬尚可，他才接了下来。他新交了女友，又换租了大房子，一切都需要钱，于是明知道这个导演的脾气非常不好，但还是硬了头皮答应。

果然，在一场哭戏里，几次都哭不出来。

导演火了，说，如果再哭不出来，你就给我滚蛋。

他正琢磨着怎么去演这场哭戏时，一抬头就看到了剧务在清场推搡着母亲。他有些怔，没有想到母亲会来到这里，而此时，她正和姐姐以尽可能好的谦和态度对剧务笑，说，我就是想来看看我的儿子，他拍戏我从没看过。

剧务犹豫了，问，你儿子是谁，于是，他看到母亲往自己的方向一指。本来一心想投入地演一次的他，更哭不出来了，他对着母亲摆了下手，意思是不要打扰自己的工作。

场记板再一次拍响，他不敢抬头看，因为母亲得到了允准后，一直站在不远的地方看着自己，自己一看的话，更入不了戏，入不了戏就拿不到钱，心高气傲的女友就要和自己分手，这样想，他就真有了点感觉。

眼泪就这样下来了，直到导演喊了停，他才收回了眼泪。一场戏总算拍完了，他走出来找母亲，母亲看到他怔了一下，问了句，真哭啊?

他摇了摇头，假哭。母亲却急了，那泪也有假，他不知道如何对一辈子没出过乡村的母亲解释，悄悄拉住了母亲的手臂。八岁之后他在母亲面前只哭过一次，那就是他要离开家时遭到了母亲的反对，本来大学毕业后分配到文化馆的工作干得好好的，也算是个县里的工作人员，但却突然铁了心要到北京闯，只那一次，让母亲方寸大乱。

导演在一边突然喊道，这是谁啊，让她们出去。

他回过头，笑着说，我在这里拍戏，这是我妈，想来看看。

没想到导演不近人情，几乎是吼着说，这是拍戏，不是看热闹，无关人员请出去。于是，剧务就过来撵人。他低声下气，但毫无用处，母亲就这样和姐姐出去了。

3

下面的戏份儿不重，他就有空闲，陪着母亲一起去景区吃一顿饭和游玩，结账时，他随手掏出钱来，母亲却突然在旁边说，钱怎么能乱放，我看你几个口袋都有。

他笑了，自己就是那样散漫的一个人，眼看快三十了还不会照顾自己。

景区很漂亮，有游船，他租了一条，慢慢划着往湖心走，春天的风景很美，远山已经透出淡淡的新绿，他站在船头慢慢地划着，有微风吹过来，他看着母亲小心翼翼的样子，突然就笑了，他说，妈，你看这里的风景多美。

可是母亲却问，这里的水深吗？

他又笑，母亲到底是没见过世面，问的问题有些煞风景。

又过了两天，又有他的一场戏，这次是室内戏，由于是仿古建筑，所以他发现了一个角度，既能让母亲看到拍戏又不至于让里面的人发现，他把这个秘密告诉了母亲和姐姐，约好了让她们在那里看。

是一场有些惊险的戏，主人在屋里读书时，有刺客过来行凶，他为了保护主人甘心挡了刺客走投无路时砸过来的玉屏风。戏拍得很顺利，他也很投入，分成了两个部分来拍，当他拍完了，正想着预备给明天就要走的母亲带点什么时，一抬头就看到导演身后站着的母亲。

他有些愣，很长时间不笑的导演却笑了。

原来屏风砸他的戏拍了两次，每一次都是他用胳膊挡住泡沫塑料做成的屏风，然后他再应声倒地。第一次刚拍完，他刚刚倒下时，没想到母亲却在外面急了，喊，假的也不行，他那只胳膊，小时候受过伤，骨折过一次，接上了。

他没听到，但导演听到了，就在他补妆的时候，母亲竟然闯进来了，对导演说，他那只胳膊受过伤。导演先是皱起了眉头，后来就轻轻地笑了。再后来，与其他剧务一起吃饭时，有个剧务就说，导演后来还叹息了一声，说了句真好。后来他才知道，导演的母亲，已经去世多年。

他听了，觉得心里潮潮的。

母亲终于要走了，他收拾好母亲的行李，一件件装进了姐姐的背包，临上车时，他说了句，我会打电话的。没想到母亲却说，没事就别打电话，多贵。

4

后来，他在另一部戏里终于演了一个男二号，演一个孩子的父亲。可是，没做过父亲的他，总是演不好，不是眼神不到位，就是没有把握好度，他很苦恼。

那天，他很烦，就跑到马路上抽烟。抽着抽着，就看到小区里停下了一辆车，一个男人从车里走下来，拉开一边车门，走下来一位老太太，男子的手扶着老太太走向小区，他突然想，自己多久没有这样扶过母亲了？

突然就很冲动，掏出手机，给母亲打了个电话。

电话很久才通，传来母亲的声音时，他竟然有些恍惚，不知道说什么好。最后还是泛泛地问了句，身体还好吧，姐姐们常来家里吧。

母亲笑着回答，那是当然，那是当然。然后就笑着告诉他，已经攒了两百多个柴鸡蛋了，因为他最爱吃这个。还告诉他，她每天看北京的天气预报，末了，又说，现在天热了，要是游泳时可一定注意，因为他水性不好。

这一点，一直被母亲记着。因为他在很小的时候，差一点儿被河水冲走。

挂了电话，他想想，自己还真是多灾多难的，怪不得母亲一直不放心他。他小时候从树上掉下来摔折过胳膊，又差点儿被水冲走，再小的时候有疝气，一哭就犯，想着想着，他心里突然就灵光一闪。

第二天，他找到编剧，说，能不能改几个地方？编剧很傲慢地看了他一眼，摇摇头，说这已经是定下的剧本了，不可能改。

他没有气馁，继续罗列剧中的几个细节，他扳起指头数，应该这样应该那样。

听着听着，编剧愣了，问，谁让你这样改的？他搔了下头，说，我妈。

改完之后的戏，果然很出彩。拍完这部戏，他又想回家了。向女友请了假，然后一路转车回到了家，这次他给自己放了假。他突然明白了一件事，母亲不是无知，也不是不知道拍戏是假，而是以她的眼光来看，自己的儿子永远有需要自己呵护的地方，这也正是她的焦点所在，别人只看到他拍戏后的光彩，却往往会忽视他的危险；别人往往会感觉他在这个年龄的成功，但只有母亲会想象到他的恐惧和有可能发生的不测；他浏览美景时，也只有母亲会问水深不深。

母亲的焦点，却一直被他忽视。那天晚上，他坐在路边，把母亲对他说过的话、问过的事全部回忆了一遍，最后狠狠地掘灭了手里的烟头，他已经知道剧本哪些地方为什么总是演不好了，第一是自己没有母亲这种感觉，第二就是有些地方失真。而且，母亲曾经说过他，吸烟对身体不好，他小时候一感冒就咳嗽得厉害，而这些，自己竟然忽视了。

他想，这次回去，也是自己好好对焦一下母亲的时刻了，人生中的有些与你息息相关的焦点，就是这样被你至亲的人关注着，体贴着，又有什么理由不能反过来寻找一下她的焦点呢？

我们身边的爱情

◆邹扶澜

1

她是妻子的表姨，得了淋巴癌。

去年中秋节，我跟妻子去看她，她的情况已经很不好，多次的化疗，早已使她的头发掉光，指甲发黑脱落。她谈起她的病，一点也不避讳，说癌细胞真讨厌，前些天还在左面腮角，这几天又从右腮角冒出来了，弄得她连饭也咽不下。她这样说着，她的男人——一个六十岁左右的汉子，在一边微微点着头，一副兵来将挡的泰然和顺从。

从她家出来，我跟妻子在车上哀叹，哀叹生命之无常。就她现在的情形，能挺过一个月已是很不错了。

回来没多久，就听到她病情加重，又住进了青医附院。

一天，趁着身边没人，她对老伴说，我这病是不行了，你不用老往上搭钱了，我早替你想好了，我死后，你就跟谁谁一起过行了。她人不错，你见过的，我找人撮合去了。

她说的“她”，老公也住在这个病房，一样的病，几天前去世了，她通过观察，发现“她”人不错，就替他物色好了。

生人作死别，我死了，你还要好好活着。她就是这样想的。

男人听了，表面上装出无所谓的样子，心里却早已碎了个稀里哗啦。他发誓，就是砸锅卖铁，也要给她治病，有一线希望，他绝不放弃。

附院不能治了，他们办理了出院，去了一家私人医院，中医的。人到这时候，真应了那句话：病急乱投医。

一个月过去，两个月，四个月……说得没心没肺一点，似乎早成定局的她的噩耗没传来，相反，我们得到的消息是：她腮角的肿瘤已经消失大半，头上也开始长出新发。更让人惊喜的是，她居然自己能进食了，而以前，一勺汤他都要喂她半天。

这真是奇迹！听到这个消息，我们都惊呼不已，同时又为冥冥中存在的那种不可知的威力感到敬畏。

不泯的希望，招来神灵的眷顾，不如说，是她对丈夫的爱，感动了神灵。

2

我新居的楼下，是一对四十岁的夫妇，女的在医院上班，男的赋闲在家，白日常见他牵了狗在楼下散步。起初，我不明白他为什么如此悠闲，后来搬进去，接触得多了，才慢慢知道了他的一些事情。

他18岁那年，在某炮兵团服役，一天晚上煤气管道泄漏，宿舍里的十二个人全部中毒。他是最轻的。后来，他复原了，进入银行，起初工作出色，渐渐地，便常常出错，再后来，因为一次不可弥补的错误，他被辞退。他做梦都没有想到，后遗症会追随着他，造成他经常有短暂的失忆。

那时，他已经结婚，孩子5岁。

他现在的情形是，每天要吃大把的药片，中午必须足够睡眠，否则，症状便十分明显。

如此，工作十分难找，出苦力，更是雪上加霜。最后，她心一横，说哪也不去了，在家待着，不信我养活不了你？

他于是就专心做起了家庭妇男。被单脏了，洗衣机洗麻烦，他用车子载着，大冬天的，砸开河里的冰，在河边洗。他开垦了几分荒田，种了各类瓜果蔬菜，因此便时常见他载了新鲜蔬菜回来。妻子下了夜班，他早早在医院门口等着，给她递上棉衣，路上结了冰，他推着车子，陪她慢慢往家走。

一次，在他家玩，说到私家车，她说："我们科里人人都有，我敢跟谁比？我谁也不比，我觉着活得挺好，每天回到家，都有老公陪着，有热汤热菜，不像有些男人，整天不见人影，这样想想，一辈子顶他们几辈子？"

平实的语言，让我一下子愣住。所谓的幸福，其实就是个角度，怎么看"一辈子"跟"几辈子"，让我沉思了好几天。

一位母亲最后的力量

◆从玉华

她已经87岁，到了衰老的时候，但当她得知65岁的大儿子因盗窃入狱后，她以最原始的方式，步行近百里地去看他。这个一生贫苦、不识字的老妇人，背着馒头、西瓜和鸡蛋，一天内来回走了近两百里地，只为短短半个小时的探视……

赵巧云许多时候已经开始犯迷糊。蒲扇刚刚还拿在手上，可出去收了趟晒在院里的被子，就记不起搁哪儿了。蓝头巾前一天明明还在床头，第二天不知怎么就到鸡窝上了，甚至连自己10个孩子的名字，她也记不全。她已经87岁，渐渐“迷了，老了”，到了人生中最后的一段时光。但有个念头在她心里却一直很清晰——她想念儿子。

6月，她收到周口监狱的一封来信。邻居对着不识字、耳朵又背的老太太，足足喊了10多分钟，才让她明白，65岁的大儿子因盗窃罪入狱了。

这是大儿子第三次入狱，她并不太吃惊。

“彪儿（大儿子乳名）打小都不学好，可好儿子，赖儿子，都是俺儿子。”她这样对村里人说。

因为不知道儿子在监狱过得怎么样，能不能吃饱穿暖，所以她决定去探望她的彪儿。她一点也不清楚，从她家所在的河南省太康县大许寨乡黄寺村到周口监狱到底有多远，究竟要过几座桥，穿几个村，经几个县。她只知道，她得去看彪儿。

等两只母鸡下了8只鸡蛋，她决定上路。她没有告诉任何人她要出远门，包括住在附近的小儿子。临走前一天，她亲手蒸了10多个馒头，又拿麦子换了两个西瓜，还用手团了4个酱豆饼，统统装进一个编织袋。

7月10日，天刚蒙蒙亮，老人就准备出发。她不知道确切的时间，因为床头裸露着指针和电池的钟，已经好几年不走了。她从床边的红绳子上扯下一件旧得看不出底色的衣服，套上她瘦小的身板，又穿上一双带绊儿的绣花黑布鞋。她揣上几乎所有的积蓄，总共85元，这其中“还有一张是50元的大票子”。她把那个编织袋扛在背后，然后动身了。她打算走着去监狱，因为舍不得一出门就花钱——“老了，赚不来钱，一分钱看得跟磨盘一样大。”她总这样唠叨。

方圆数十里地，她很熟。年轻时，她在周围讨过饭，所以“路感”很好，甚至还能分“南北”。但走出这片地后，她就迷路了，只好拿着监狱的来信四处问路，问路边开小店的，问豆子地里正在干活儿的农人，还不时拦下骑自行车的汉子。她不停地走。饿了，就从编织袋里掏出馒头，边啃边赶路；渴了，就去路边人家讨水。尽管两个小西瓜在背上滚来滚去，可她舍不得吃。

她固执地想：“那就该是给儿子的。”

她不知道自己走了多远，还有多远。她只是不停地走，就像出嫁前“淹三年、旱三年、蝗三年”那会儿，她跟母亲四处逃荒，走的路看不到头。

天越来越热，衣服湿透了，湿裤脚裹在腿上，害得她好几次都险些摔跤。脚上没有穿袜子，鞋浸着汗，一走就“咯吱咯吱”响。编织袋像雨布一样贴在背上，越来越沉。她不得不一次次歇下来，找一棵树，贴着树干蹲下，再脱下鞋，塞在屁股下，最后坐踏实。不过她很克制，歇不了一会儿，就又站起来走，因为怕歇久了，腿软了，站不起来。身上经常汗津津地发痒，她就在树上蹭蹭。“跟牲口一样。”她有些不好意思地说。

她要去探望的彪儿，是她10个孩子中活下来的4个孩子之一。大女儿嫁到了河北，在她看来是孩子们中生活最好的，“生意做得大，发了大财，一年能赚一两万呢”。小女儿嫁在同村，如今在温州打工讨生计，快50岁的小儿子是个泥瓦匠，家里日子也紧巴。唯独大儿子最让她操心，也没少挨她打。村里人总能见到80多岁的母亲举着棍子、拿着鞋子追着60多岁的儿子打。前些年大儿子常年不回家，回一次，就往母亲手里塞钱塞礼物，但做母亲的拿着钱就往地上摔，说这钱不干净。“我啥也不要，我只要你好！”母亲苦口婆心地嚷嚷着说。

每个孩子在她心里都“般般重”。直到去年，年近九旬的赵巧云还帮着小儿子放羊。在她早年拉扯孩子最艰难的时候，曾有人要收养她的孩子，她哭了好几天，哪个也不舍得给。最后，她不得不带着最大11岁、最小6个月的孩子外出讨饭。尽管如此，每年春节，她还是会分给孩子们每人5分钱的压岁钱。“那日子，拔不出来的苦！”她回忆说。

但这一辈子，她可没想过放弃。这一次，也一样。

她又上路了。走得时间长了，腿肚子越来越硬，“突突跳得疼”。终于一步一挪地挨到了西华营，她有些支撑不住了，“累得像根面条”。眼看着一趟趟从西华营到西华县城的长途中巴打身边过，她犹豫了好一会儿，终于上了一辆。为此她花了5块钱。

这5块钱让她少走了近40里地。但西华县城到监狱还有好一段路，揽活儿的摩托车开价10元。“贵得吓人。”她嘟囔着，又开始闷头往前走。

终于，在离监狱不太远的地方，两个好心的姑娘用摩托车把她送到了目的地。有人给她算了算，从她家到监狱大约110里地，她走了足足有70里。

当老人踉跄着来到监狱时，下午探监的时间还没到。她就坐在门口等。她似乎一辈子都在等这个儿子。他总是在外流浪，很少回家，一到春节，她就苦苦地等他。她还记得自己吃的最后一餐肉，是去年春节年三十，跟大儿子一起包的饺子。

这回，她又等来了自己的儿子。当她被领进探视间，隔着双层玻璃，她一眼就看到了她的彪儿。

不等开口，眼泪就顺着满是褶子的脸颊滚落下来。亲属和犯人只能通过玻璃两边的电话通话。她耳朵背，听不清电话里说什么，只是一口一个“彪儿”地叫，边喊边比划，急得哇哇大哭。

儿子知道母亲走了近百里路来看他，号啕大哭。儿子紧紧地把脸和手贴在玻璃上，老人就隔着玻璃，不停地摩挲着，一遍遍“摸”儿子。

但时间很快到了。按照规定，探监不得超过半小时。又有规定，监狱不能接收外面带来的食物。于是老人把身上所有的钱都留给儿子，自己又打起那个装着西瓜、馒头和鸡蛋的编织袋，走上了回家的路。

从大约下午4点离开监狱，她又开始了漫长的行走，走走歇歇，天一路黑下来。幸好在离家最后20里地的公路上，她遇到同村的熟人，熟人用摩托车把她送到家。老人从编织袋里掏出原本带给儿子的那8只鸡蛋塞给他，他死活不收。这时，天早已经黑透，她“累得像团棉花”。

直到几天后，有记者从北京拜访她，老人才知道自己上了报。她家里没有报纸，甚至连一张手纸都没有。她也不知道自己的故事上了互联网，她从没见过电脑。事实上，她已经8年没用过电了。

因为感动，也因为有记者来访，周口监狱特批给老人一个机会，让她可以不再隔着玻璃，而是面对面地看到儿子。听到这个消息时，她老迈的眼睛突然有些发亮。“现在就走？”她兴奋地嚷嚷着，可一下又懊恼起来，“可我带什么给我儿？啥也没准备。”

路上，监狱工作人员请老人吃饭。坐在餐桌边，老人感到吃惊，她长这么大“没见过这么大的桌子”，也“没见过这么多的菜”。服务员给她盛了一大碗面条，她吃不下，却又舍不得浪费，硬撑着吃完。“麦子从出苗到收割，要经历83场雨。”她喃喃地对坐在身边的人说。

吃完饭，她紧紧攥着包了一张大饼的塑料袋——她终于又有了给儿子的礼物。显然，她又忘了监狱不收食物的规定。

在周口监狱，老人再次见到了儿子。这次，他们紧紧贴着坐在一起。因为愧疚，儿子拿手捧着脸哭。而做母亲的则哽咽着：“为了你，我的眼泪都流干了，你要好好改造，好好相信人，可不能再做那事了。”

“彪儿，我回去了，给你改名，要让全村人叫你‘改净’。”风烛残年的母亲发誓般恨恨地说，“你要不改净，我死都不会再看你一眼。”

但其实她知道，下次也许她还会再走上百里地来看他，只要她还有力气，只要永远离开的那一天还没有到来。

怀念继父

◆若 若

继父离开我已经5年了，我终于可以写写继父，终于可以不因为巨大的悲恸而泣不能书了。

继父走进我的生活那年，我15岁。

我至今不明白15岁是怎样一个混杂着反叛、怀疑与固执的年龄。我和13岁的妹妹瞪着大大的眼睛看着继父走进我们的家门。自从5年前至爱的父亲永远离开我们之后，我们的目光里便少了单纯和信任。狂怒的妹妹冲过去将继父提来的那些平日对我们充满诱惑的食物扔出门外，对继父吼道："你出去，你走！"我只是无言地站在门边，手一个劲地绞着衣角。我早知会有这一天的，我们不可避免地会有继父。

我们生活得很艰难。农场的生活根本不是瘦弱的母亲一个人所能承担的。我理解母亲，可这并不表明我接受继父。我们曾有过一个世上最完美、最棒的父亲，没有人能够替代他。

但我们最终还是怯生生地成了继父家中的成员。

继父有3个比我们大的孩子。勤劳而善良的母亲尽心尽责地为他们操持着一切。我清楚地记得母亲那时在我面前提得最多的一句话就是"我要一碗水端平啊"。继父是连队的工会主席，常常忙得顾不着家。可是他只要一回家就忙这忙那，而且每天都是最早起来为一家人做早饭。更重要的是我看得出母亲与继父的感情很好。母亲的脸上笑容渐渐多了。我和妹妹开始不情愿地融入继父带给我们的新生活。

日子还算平静，但平静并不等于融洽与和睦。一种大人们努力创造温情而孩子却冷冷对峙的局面一直无法改变。我更是以局外人的眼光看着这一切却不做任何努力。没过多久，继父的3个孩子都开始称母亲为“妈”了，我对妹妹说那是理所当然的，母亲付出了太多。我丝毫不掩饰对又多出3个人来瓜分母爱而产生的愤懑与妒忌。当母亲试探性地问我是否该称呼继父为“爸”时，我用极其冷漠的语气说：“我不会叫了，5年没叫过，我叫不出。”母亲黯然神伤。

几个月后，继父的大女儿在母亲的精心操持下热热闹闹地出嫁了。而我们与继父的二女儿的矛盾却日益凸现和尖锐。时值农忙，继父因工作不能下地帮忙。我和妹妹以及继父那大我两岁的儿子均已随母亲下地，但从小娇生惯养畏惧烈日的“二姐”却不肯做一点农活。如此三五日后，任性的妹妹便跳出来与其大吵，后来自然是“鸡犬不宁”。看到继父对这样的家庭矛盾显得无能为力时，我的怨恨也如潜伏了数年的火山骤然喷发。我写了一封信，这封信没有称呼没有署名却竭尽那个年龄的女孩所能用的刻毒语气。当晚我把信放在了继父的写字台上。

第二天一早，继父看我的眼光无奈而沉重。我突然发现，一夜之间，继父苍老了许多。一种莫名的内疚让我的心缩成了一团。

那年秋天，我考上了离家40里远的县重点高中。硝烟四起的家早已让我心灰意冷，借口路远，我常常数月不回家。但每次归来，继父总是立刻买鱼买肉且亲自下厨。每次看着丰盛的饭菜和继父往我碗里夹菜时言语间的慈爱，我总是竭力想让自己正视继父的目光，然后主动喊他一声“爸”，可不知为什么总是没有喊出口。母亲不再数落我，只悄悄说继父总让她别逼我，因为我还小。听完这话，我心头禁不住一颤。

离放寒假还有两周时间，我掐指一算又有一个多月没回家了。这几天刚进女生院就听人说我家来人了。我狂奔进宿舍，是继父！我怔住了——要知道“怎么称呼”一直是我与继父交流的最大障碍。还是继父打破沉默，将厚重的军大衣裹紧，示意我坐在他旁边。“饿了吧，先吃点饼，你妈今早上才烙的。”继父弯下腰从地上的一个黑包里取出煎得油黄的烙饼，“趁热吃，这么久没吃上家里的饭了。为什么不回家呢？你妈很挂念你……”我的大脑早已苍茫成了冬日的雪野，嗓子里似乎有什么东西哽得难受。继父只坐了一会儿就要走，送继父出来的时候，雪下得正大，大片大片的雪花从空中纷纷扬扬落在他的肩上、头上。我默默地低头走在继父旁边，泪水早已悄悄滑落。目送继父伟岸而又有些佝偻的身影消失在一片茫茫之中，我放声大哭着跑回宿舍。

我不再用敌意的眼光看继父了，虽然我仍没有喊他一声“爸爸”。我很努力地学习，把奖状带回家时第一个拿给他看。妹妹考上我所在的高中后，我们不管多大的风雪多毒的烈日每周必回家一次。家似乎越来越温暖，虽然我仍坚持自己那顽固而幼稚的立场，但我分明已经接受了继父。看到继父骑几十里路来学校看我和妹妹时，我在心底发誓：父亲，您等着，等我拿到大学通知书，我会第一个冲进您的怀抱，大声叫一声“爸”！

高三的课程紧张得让人窒息，我旺盛的精力和刻苦的劲头让大家吃惊。当别人带信来让我回家时我已经5个星期没回家了。得知继父生病住院，我的心提了起来。那天是星期三，一路上一种不祥的预感沉沉地压在我心头。我佯作轻松地想：不会的，不会有事的。

可是我怎么能相信，继父真的离开了我们！病魔又一次夺走了我至爱的亲人！

当妹妹拉着我狂奔进病房，指着空空的病床放声大哭时，我没有泪水，我只听见肝肠寸断的声音。见到我们的大姐，我拼命地摇着她："你们是骗我的，这不是真的！"大姐泣不成声地告诉我，是继父要大家瞒住我的——全家人和所有的亲戚朋友都知道继父患的是癌症，只有我例外。继父想坚持到我参加完高考……一直以为是小说中才有的情节居然发生在了我的身上！

"爸爸！"我用全部的爱和悔恨终于第一次喊出了爸爸，可继父已听不见了。我无法相信曾经那样关心我宽容我的继父等不到我喊他一声"爸爸"，我在病房外的走廊里号啕大哭！

继父去世后，我大病了一场，虽然我坚持打完吊针便上课，但一个多月后的高考我仍然落榜了。暑假过后，我默默收拾行李参加了复读班。第二年，一纸录取通知书终于从美丽的桂林飞来了，可是继父再也看不见了！

树欲静而风不止，子欲养而亲不在。我只身到异地求学已3年多了，每想起在我冰冷的对峙下继父永远慈爱的目光，我的心就割裂般的痛。我知道无论我走到哪里，无论我遭遇怎样的挫折，我都不会迷路，因为我的天空里有继父注视我的眼睛。

爱你，像你爱我一样

◆风为裳

冷战开始，我们都是透明人

16岁那年夏天，青春张扬，无拘无束。你每天疯了一样跟我唠叨，每晚在我的床前念《少女必读》，还有防艾滋病的条条框框。好像我就要成长为不良少女，或者哪天就会上早报的头条一样。

我基本上对你采取不予理睬的态度，除了向你要钱的时候。

你开始还苦口婆心，后来便有点恼羞成怒了。你说：你外婆养了我们5个孩子，要都像你，那还叫大人活不活了？你看看我们单位张会计家的孩子次次考第一，除了学校，哪儿都不去。

我顶撞你：我怎么了？是得了艾滋病，还是当小流氓了？你看谁家孩子好，你找谁家孩子去，又不是我让你生我的。

你气疯了，伸手来打我。我一闪，头撞到墙上，我捂着头，哭着说：有你这样当妈的吗？你把我当成什么了？把我当成你养的宠物吗？

你咬着牙，说：好，我不配给你当妈，咱俩从今天起就断绝母女关系。我针锋相对：断就断，谁还怕你。我们谁也不理谁。冷战就此开始，我们都当彼此是透明人。好几次，我看到你冲我张了张嘴，想要打破僵局，缓和气氛。你说好就好啊？我一低头，躲过去，你终于没有首先开口。虽然别扭，但是，我跟你一样，不肯低头认输。舅舅说：母女之间难道还真的要争个你对我错？

我的泪顺着脸颊流下来：她说要跟我断绝母女关系的。你站在门口，手里拎着一个硕大的蛋糕盒，里面是我爱吃的巧克力松仁蛋糕。16岁生日那顿晚饭，我把自己关在房间里不肯出来。你默不作声地把饭菜送到我的房间里来。菜都是我爱吃的，只是，我不喜欢你这样假惺惺，打个巴掌给个枣吃，是妈就行吗？

老村开新花了

我不知道我们会僵持到什么时候。越来越多地从你的眼神里看到焦虑，你甚至悄悄上网查怎么跟青春期的孩子相处。别以为我不知道，百度搜索栏里的记录我都看到了。

你在努力地改变着自己。我知道，就是我再怎么捣蛋，你都没有横挑鼻子竖挑眼。然后，你出现在了我的面前，你要跳街舞。

那一天，你有点吓住我了。广场上，一群前卫的男生女生在斗舞，我是其中的一分子，跟某个男生勾肩搭背，我抬起头，看到你。午后两点的阳光从你的头上穿过来，你的脸模糊不清，但是你略弯的背和永远毛乎乎的头发出卖了你。你穿着肥肥大大的运动裤的样子好奇怪啊！伙伴说：看那个阿姨，老树想开新花。

我迎着你走过去，挑衅地说：想跳街舞？比试一下吧？你伸出手，说：拉个钩吧，如果我赢了，跟我回家。

我瞅瞅身后的伙伴们，很响地打了个口哨，我说：这老太太说要跟我打个赌，你们说赌不赌？伙伴们起哄说：凌子，别怕她。当然不怕，我甩了一下染得黄灿灿的头发，就地做了个托马斯，站起来，扬着脸看着你。

你十指交叉，有模有样地做着放松动作。然后，你俯下身，轻轻地滑动舞步。你的胳膊和腿僵硬得像落过雪的树枝，拖泥带水地晃过地面。有的伙伴吹起了口哨，我看到你的脸有些红了，你的鞋带开了，水桶裤很累赘，我一个愣神间，你已经倒在了地上，滚滚的汗顺着脸淌了下来。你的脚……

我单膝跪在你面前，眯着眼睛说：你不是说过我再不是你的女儿吗？你不是要跟我断绝母女关系吗？谁让你还管我？谁让你还去学街舞？你的腿真的残了，别想着我养你……

你笑了，惨淡得像5月开败了的丁香花。你说：凌子，法律上是不承认断绝母女关系的。既然断不了，我就认命了。你的眼神黯淡了下去，我有点心疼。那样骄傲的你什么时候落到这步田地了呢？

我承认你的苦肉计很成功。那天，我乖乖地跟你回了家，你在床上作威作福吃我熬的粥。我说：你真阴！还给我整这一套。你抹了抹嘴，说：姜还是老的辣，我知道你要面子，不是不知错，而是不肯在我面前低下头认错。

你干吗什么都知道？老妈了不起啊？说三道四，指手画脚！我怎么了我，不就是跳跳街舞吗？

你拄着胳膊坐起来，瞪大眼睛说：你知道什么，你个小女孩，外面有多少陷阱等着你往里落呢！我不管你……我不管你，你早就上天了！得得得，话不投机半句多。我把水杯放到你床头，然后给舅舅打电话。舅舅来时，你说脚疼得钻心，那一刻，我以为你在演戏，结果看到你苍白的脸上汗涔涔的……

大夫拿着X光片给我和舅舅，他说：这么大年纪做什么剧烈运动了吧？

舅舅看了我一眼，没吭声。我的心一直往下沉，我不会那么乌鸦嘴，你真的站不起来了吗？

我回到病房，拉住你的手，我说：咱俩拉钩，我再不出去跳街舞，你不许躺在床上不起来……

你居然笑嘻嘻地说：其实，跳街舞挺好看的，只是，那些男孩有点坏。

得了，又来了。我说：我长得这么丑，你以为谁会看上你女儿吗？

你不服气的劲又上来了：谁说我家凌子丑？不想混了吗？

四十不惑，老蚌生珍珠

10岁时，我顽劣异常，好几把小提琴都被我灌水成了水枪。这还不算，还撺掇着学琴的伙伴也把琴灌上水。你被老师叫到琴房。你瞪我一眼，然后嬉皮笑脸地站在老师的旁边。穿白色连衣裙的老师瞅了你一眼说：不是说让父母来吗，奶奶来有什么用？你的脸有些红，依然笑着，说：老师，我就是罗凌子的妈妈，我四十不惑，老蚌生了个珍珠，惯得没个样子……

小老师一下子笑出声来。你赔着笑脸，却回头瞪我。

在回家的路上，你挽着我的手，对我说：凌子，我是不是特别老，你是不是也特别想要年轻漂亮的妈妈？

我歪着头瞅了瞅你的眼睛，说：你基本上还行，只要别涂脂抹粉去跟街边的老太太们扭秧歌就行。

你笑着搂住我，说：那哪能啊？我当初可是春水街上不折不扣的美女加才女，要不然，40岁，还能生个小珍珠？凌子，你在你们班里是数一数二的漂亮，那可全是老妈的功劳。

说得很自信的样子，可是隔天，你还是去烫了头发，买了新款的连衣裙。说实在的，大龄老妈，我并不在意你有多老。相比那些年轻的妈妈们，你更懂得怎么跟我做朋友，虽然有时候很唠叨很八卦，但是，看在你50岁还为女儿的面子着想的份儿上，我不计较了。

我这样说，你抱着我亲了又亲。你甚至眼泪汪汪地看着我说：凌子，这辈子妈有了你，啥都值了。

我把这话学给舅舅听，舅舅听了叹口气，拍了拍我的头，说，凌子，你妈刚强了一辈子，结果遇到那个不着调的男人，死活跟他结了婚，生了你，可是你还没满月，他就卷走了你妈所有的积蓄……你妈一句都没怨，有了你，啥都值了。

10岁的女孩听不懂这些爱恨情仇的事，只知道我是你最大的骄傲，带我出去，别人夸一句这丫头真漂亮，你就能乐上好几天。

你那时特别喜欢陈美，梦想着有一天我能像她那样把小提琴拉得激情澎湃。于是，每天放学你都带着我穿过大半个城市，到江北去学琴。

我在琴房跟伙伴们拉那些枯燥的练习曲，你就坐在走廊里跟那些年轻的妈妈们说你老蚌生珍珠的故事。偶尔，我惹了祸，穿白色连衣裙的老师就喊："那位生珍珠的老妈进来一下。"你就乐颠颠地进到教室里，好脾气地听老师的训斥。在回家的渡船上，你总是说："凌子，跟妈拉个钩，下次给妈长长脸。"我嘿嘿地笑了，我说："你的脸不长得好好的嘛，干吗让我替你长。"

你叹口气，转过身去看江面，江风很大，吹乱了你特意做的发型。那个记忆留在我的脑海里，一直到16岁。

16岁，教我练琴的老师说："罗凌子还是到此为止吧，她永远都成不了小提琴家，当个爱好挺好的。”

那天，我跟在你后面从琴房里出来，你说：我40岁老蚌生的珍珠，一定有被人赏识的那一天，郎朗不还被教师说没有音乐天分吗？

说完，你就笑了，我也笑了。其实你早知道，我早就不乐意拉小提琴了，6年的时间，你陪着一块顽石成了顽石，但你说：“也行，将来进了大学，拿出小提琴震他们一下，保证后边跟着一大串男孩。”

我瞪你一眼，想什么呢？

拉钩上吊，一百年不变

19岁，我高三。这一年，你59岁。你开始变成一个很胖的老太太，血脂高，血压高，爱在阳光下抱着猫睡觉。会猛然想起我说过想吃的某样东西，然后匆匆拎着菜篮子出去，转了半天后，空着篮子回来，很沮丧地跟我说忘了想买什么了。看着你额头上细细密密的汗珠，我很想抱抱你。我还没长大，你就那么老了。我说：“没事的，下次我写张纸条给你。”你忽又想起什么似的，转身出去，不一会儿买回来的东西依然不是我想要的。但，那又有什么关系呢？

每晚，我学习时，你都会在门外坐立不安。有一天，我出去，让你去睡觉。你有些尴尬地对我说：凌子，不知道咋回事，你房间的灯亮着，我就心疼你，你房间的灯灭了，我又很生气……你的手很紧张地搓来搓去。我笑了，搂了你的肩膀，我说：“妈，你这是得了高考综合征，怕我累着，又怕我不学习考不上大学，是吧？老妈，你40岁老蚌生的珍珠哪会考不上啊？”

你笑着笑着在我的怀里像个小孩子一样哭了起来，你说：“凌子，我什么都帮不上你，我什么都帮不了你……”

那天晚上，月亮很圆很亮，我睡在你身边，你跟我絮絮叨叨地说我拿小提琴当水枪的事，说我跟着那些男孩跳街舞的事，说每晚替我担心睡不着觉。你说你对不起我，从小就没有老爸疼，你怕我有一点点差池，说着，说着，你睡着了，呼噜打得很响，过了一会儿，你翻过身来，嘴里还唠叨着：凌子，妈这辈子有你，啥都值了……

我的泪顺着脸颊流进嘴里，又苦又涩。

可没等我高考，你就躺下了。6月4日，天很热，你给我熬绿豆粥，却不想，粥热在锅里，你就躺在沙发上睡着了，我回到家里，家里已经全是烟了。我开了门窗，看到躺在沙发上的你，我一下子慌了，你的口水流得很长……

舅舅把你送进医院，脑血栓。我拉着你的手泪流不止，我跟舅舅说我不高考了，谁都没我妈重要。舅舅拍了拍我的肩膀，没说话。

6月7日那天一早，你突然睁开眼睛，说不出话来却伸出小手指，然后指向门外，舅舅以为你要什么，只有我，泪一下子涌上来，我明白你的意思，我钩住你的小手指，我说：“咱俩拉钩，我去考试，你快点好起来……”

下辈子，还让我遇到你，让我来包容你，爱你，像你爱我一样，好不好？我们的小手指与大拇指又对到了一起，泪流到一起，老妈，我们拉钩上吊，一百年不变。

许你一个香格里拉的未来

◆风为裳

阁楼里的小月光

17岁，我跟她拎着一只假冒的LV滑轮箱来到陌生的深圳。她穿着落满灰尘的棕色高跟鞋，踩在车站广场的方砖上，几次要跌倒。她拉着我的手，怕我走丢，我恍然跟在她后面，踉踉跄跄。

终于到了她租住的小屋，是间阁楼，走一步，楼梯就发出可怕的吱吱声。

那天晚上，她用小电锅给我做了红烧排骨。吃排骨时，她说她现在公司里业绩突出，年底会有一大笔奖金，她说深圳这种地方，只要努力，遍地是黄金。我夹了一块排骨给她，她又夹回来给我。她说你正在长身体，要多吃点。年底领了奖金，咱们就租套好房住。再过两年，咱们也买个房。

面馆里的小请求

两年前，她跟老爸离了婚。年近四十，一个人拎着那只假冒的LV滑轮箱坐上火车，投奔她初中时的同学。

两年里，她很少给我打电话，但是她写信，每封信都写得很长。她说她过得很好，那座城市很干净，路边种着椰子树，树上的椰子都没人摘。我给她写信，我的信里倒的全部是苦水，我说我成了家里的客人，爸爸娶来的女人怀了宝宝。

她风尘仆仆赶回来，她带我去了学校附近的面馆。要了两碗面，我的吃了半碗，剩下的她吃了，把碗里的汤都喝掉了。从前在家时，她不吃别人的剩饭，她也不爱吃面，我的眼睛有点湿。我搂了搂她，我说妈，我愿意跟你在一起，吃苦我也不怕。

面馆里人声嘈杂，她搂了搂我，摘了眼镜擦了擦眼睛，她说好。

餐桌上的小谎言

我跟她仓皇来到深圳，深圳是很美、很干净，只是那宽敞与明亮都不是属于我们的。她不停地打电话，找认识的和可能认识的，托关系把我送进学校。

那一天，她似乎苍老了很多。把我送进学校，她抱了抱我。她没有对我说让我好好学习的话，她急匆匆地走了，如果迟到，会扣钱。

我不知道她具体做些什么，只是听她说公司很好，公司中午的免费午餐丰盛得跟满汉全席差不多。所以，为了减肥着想，晚饭里的肉和鱼她都不动。我说妈，等我毕业了我也去你们公司。

她点了点我的脑门说，来这跟妈抢什么饭碗啊。我笑，不是说自己是独一无二的骨干吗？怎么怕人家抢饭碗了？

她笑，洗碗时，手被水浸得疼。我看她的手，怎么会这么粗糙呢？她躲闪着我的眼睛说是水土不服。

两年多了，还水土不服吗？我没有把心里的问号问出来。

她总是说胃疼，吃几毛钱一盒的肝胃去痛片。她很慎重地买地摊上的假冒名牌，她说，穿在身上。谁看得出来啊！

18岁，我回老家参加高考，她陪着我，却不肯见爸爸，从她躲闪的眼光里，我仍能看出那场婚变对她的伤害。她没忘，她选择了逃避。

我所有的志愿都报了一个：深圳大学。她不知道，我想留在那里陪她。

如愿以偿，我进了深圳大学。我只是去上大学而已，她却像是嫁女儿，一家商场一家商场跑，花光了兜里所有的钱，我拦着，她说，咱还有卡，年底就快到了，快发奖金了。

挂在心上的小未来

去大学住校的那天晚上，我跟她头对头躺着。我说妈，她答应了一声。我说我都知道。

我真的都知道。

我悄悄跟踪过她。她的公司真的很气派，她走进去，一会儿换了保洁员的衣服出来，弯着腰擦地，到了墙角，就跪下擦。那天我一直在她公司的外面转。中午，送餐的进去，员工们吃饭，她跑出来，站在街角吃一碗面。

深圳那么热，她的头发都贴在头上，她的脸一直在流汗，她一直在公司里小跑着收拾卫生……

那个晚上，我说，妈，咱们会过上好日子的，我大学毕业了找个好工作，然后咱们买个房，窗帘要用那种淡绿色的，风一吹，像把整个春天都挂在窗边……

她笑了，无声无息，但我知道。我说，我还要挽着你的胳膊去巴黎，去香榭丽舍大街，去买LV包，想买几个买几个。

眼泪顺着我的面颊往下淌，我说，妈，明天我陪你去医院，医生说你的胃再不治就麻烦了……我还要跟你走到未来，我们还有个香格里拉的好日子，你要陪着我。

再叫我一声“兔崽子”

◆兔　子

爸爸是个挖煤的，绝大多数傍晚，他都是全身黑不溜秋地回来，然后把手上的衣服、皮带重重地摔在椅子上，这表示他不高兴。

我一直不知道他为什么愤怒，后来终于找到了答案：我长得太白。因为有一次，妈妈给他盛饭的时候，他斜眼瞅了我一会儿，嘟囔道：“这么白？”我也觉得自己太白，不像挖煤工的儿子，我以为自己是捡来的。

我12岁那年，妹妹降临人间。妹妹属兔，爸爸就叫她“兔崽子”。临出门的时候，他总是把妹妹抱过去啃半天，“兔崽子，兔崽子”地叫上几十遍才肯走；傍晚从矿上回来，把东西一撂，就叫道“兔崽子呢”。

其实我比妹妹大整整一圈，也属兔，可他从来没叫过我兔崽子。

只是在合称我们兄妹的时候，才说一句“这两个兔崽子”。这明显是搭配。

我没什么怨气，因为小妹实在太可爱了。她哭声响亮，笑容甜美，总是在大家感到乏味的时候，适时地发出咿咿哎呀的声音，让气氛顿时活跃起来。稍大一点的时候，妹妹又显出懂事的天分。爸爸每天回来，妈妈都会打一盆水给他洗脸。有一次，妈妈忙着炒菜，没来得及打水，妹妹用她的小塑料盆打了满满一盆水，挺着肚子端了过来，小脸憋得通红。那时候妹妹才两岁半，爸爸的感动可想而知。他一手接过盆子，一手将妹妹抱起来，亲得她黑不溜秋的。

从那以后，每天打水的就是妹妹了。估计爸爸要到家了，妹妹就打好水蹲在厨房里，只等爸爸那一声“兔崽子呢”，她就挺着肚子冲出来。等妹妹到了面前，爸爸接过水问她：“想爸爸吗？”“想！”“爱爸爸吗？”“爱！”“有多爱？”这时，妹妹就会挺起胸脯，把两只小胳膊伸开老远，做出拥抱全世界的样子，说：“这么爱！”爸爸最喜欢妹妹这个姿势，每天回来都要进行这段对话，为的就是在最后能欣赏到她这个姿势。

妹妹二岁那年，被爸爸妈妈“赶”了出来。爸爸在我的小床上加了块板子，这样妹妹就有地方睡了。因为我们家房子很小，除了用土砖搭的厨房、杂屋，就只有一间不到20平方米的小瓦房了。妈妈常跟爸爸说想加一两间房子，不过爸爸每次都没答应。

有天晚上，我听到妈妈说：“趁现在天气好，还是把房子盖了吧。你总不能老让他们挤在一起吧？”

爸爸叹了口气，说：“还是等下半年吧。兔崽子马上要初中毕业了。别看他不说话，一心想考市里的一中哩！这个钱不能少……”

我听爸爸说这些，眼泪忍不住流出来了。考一中这件事，我从来没跟任何人说过，爸爸竟然这么清楚。原来，我也是兔崽子！爸爸仍然只是逗妹妹玩，很少跟我说话，但我的心情从此明亮多了。

我没有让爸爸失望，夏天的时候，我收到了一中的录取通知书。当天晚上，爸爸准时回来了，进门还是叫“兔崽子呢”，于是妹妹端着水冲出来，不过这次没等爸爸开口妹妹就先报喜了：“爸爸，哥哥考上市里的一中了！”

爸爸听了好像没什么反应，对站在一旁的我视而不见，还是继续跟妹妹说话。妹妹又摆出了她拥抱全世界的造型。在欢声笑语中，爸爸看了我一眼，这唯一温柔的一瞥，令我毕生难忘。

第二天，爸爸回来得晚些，手里多了个大塑料袋。妹妹在厨房里腿都蹲麻了，才听到一声“兔崽子呢”，冲出去的时候差点摔一跤。爸爸接过水，并不急于洗脸，故意在袋子里掏来掏去，逗妹妹踮着脚在那里翘首以盼。

晃了半天，爸爸掏出一件连衣裙，是给妹妹的。裙子颜色鲜亮，有漂亮的小碎花，好看极了，我真难以想象大老粗的爸爸还有这么好的审美眼光。

妈妈接过裙子，很利索地给妹妹套上，因为裙子太长了，拖在地上，看上去很滑稽，大家都笑得合不拢嘴。这时，爸爸把那个大塑料袋递给我，打开一看，是个新书包！这是爸爸第一次给我买礼物，我想说句感谢的话，却始终没有出口。

第二天快收工的时候，爸爸头顶的煤层突然塌方，他被埋起来了。

傍晚，几个人到我家报信。他们还没说完，妈妈就晕过去了。大家慌忙展开急救。看着眼前乱糟糟的景象，我却显得异常冷静，因为我知道自己是家里唯一的男人了。我突然想起了妹妹，她一定还在厨房。

我走进厨房，妹妹还死死端着一盆水，蹲在那里一动不动。我的眼泪如决堤之水，顺时涌了出来。

“起来吧，爸爸不会回来了。”我蹲下身子。

“会回来的！他还没叫我兔崽子呢！”妹妹倔犟地不肯动，但眼泪已流了出来，一滴一滴，都掉在她的小盆子里……

这是两年前的事了，后来老板赔了三万八。靠这些钱，一家人的日子还算过得去，我也在市一中读到了高三。

在高三开学后的第一个周末，我回了趟家。妹妹在村口等我，我很远就认出她，因为她穿着那件鲜艳的小碎花裙。现在，那裙子正合身。

在一个小土包上，妹妹突然停了下来，望对面山腰上的洞口出神，那是爸爸曾经工作过的矿井，现在已经废弃了。我们默默地站了很久，回想着以前的事。

“哥，你想爸爸吗？”妹妹轻声问我。

“想。”

“有多想？”

“很想，很想……”

我单膝跪地，看着妹妹伤感的样子，忍不住鼻子一酸，紧紧抱住了她。

领着她，不要走得太快

◆一路开花

1

他辍学那年还未满十七岁。没有办法，实在念不下去了，几乎每日都央求着她，不要再逼他去读那些甲骨文，做那些天文算术题。他说，自己根本不是读书的料。

她是他的母亲。起初，她会愤恨地骂他不争气。后来，再不骂了，大抵是绝望了，便由着他，爱怎样就怎样。

他没有父亲。很小的时候，父亲便跟着另外一个女人消失了。他不是不想读书，只是一想起念大学需要的那笔庞大的开支，心里就会隐隐地疼。

他暗想，他该承担起一个男人的责任了。于是，跟着几个游手好闲的朋友，一道学开车。他三借两凑地弄了些钱来，考了驾照后，去一家公交公司应聘。因为之前他听人说，公交车司机的工资很高，而且每天还有一包香烟。

知道这个消息后，他细细地算了算，要是这样的话，他每天买烟的钱就可以节省下来，不用三年，就可以给她在楼下开个小商店。那么，她从此就不用再出去打短工。

上班的第一天，他睡眼惺忪地握着方向盘，直到一车人都异口同声惊叫时，才发现自己差点就轧着了人。他嘿嘿笑笑，镇定地说，大家不要慌张，要相信我的技术。事实上，他的薄衫早已被冷汗浸湿了大片。

他第一时间想到了她。他不由得害怕，要是自己真轧死了人，没钱赔而最终坐牢，她该怎么办？

这个矫情的想法片刻出现在他的大脑，又片刻隐匿无踪了，因为他相信，她不会怎么样。即便他真坐了牢，也顶多是哭上两天，旋即把悲伤忘得一干二净，继续着漫长受气的短工生活。

2

他工作后，她经常会跟他要钱。她说，我没钱用了，你把这个月的工资打些到我卡上吧。他不语，给她打了一半过去。

不久，她打来电话，吼声隔数米都能听到，她扯着嗓子骂，臭小子，我叫你打400元，你只给我打了200元，把你妈当乞丐吗？

他说，我没钱了。她一听这话，更来劲儿了，你是不是打算存够了钱，好跟你老子一样消失在茫茫人海？我就知道，你们男人全靠不住！

他生气了，也扯着嗓子喊上一句，我不是摇钱树！接着，啪地挂了电话。

她习惯了他这种态度。之后也学聪明了，她要是想要300块钱的话，她就会说要600元，要是想要400块的话，她就会说要800块。因为她知道，他只会给她一半。

有一次，她鼓足了勇气说，我这里有事，你给我打1000块过来吧！他冷笑着问，你有什么事？你这一个月已经是第三次跟我要钱了，你真以为我会抢银行啊?

她生气了，又扯着嗓子喊道，我是你娘，你不该养我吗？他说，该，但，以后你要是再跟我要四位数，那我就只能在后面减去一个0。

臭小子，和你老子一样奸诈！她在那边狠狠地骂道。

他有时真不明白，她要那么多钱干什么。读书之时，他天天跟她要钱，不也一样在过吗？现在反倒好了，他给她钱，她的钱还不够用。

他想，她怕是谈恋爱了吧？像她这样野蛮的女人，撒娇的时候会是什么样子呢?

下班后，她说，回来吃饭吧，我做了你喜欢吃的糖醋排骨。

他破例没有加班，5点准时交接，匆匆赶另一趟公交车走了。

3

他把她做的糖醋排骨吃个精光，然后讪讪地说，老板，手艺见长啊！她满意地笑笑，叮嘱他，以后别在外面瞎吃了，回家来吃吧。

他恍然有些感动，默然地点点头。刚想主动起身收碗，她便接了过去，高兴地道，说好了啊，每月500块伙食费！这月就从今天开始算，明天交钱。他怔怔地看着她，不明白她心里除了金钱之外，还能装进些什么。

想想也划算，500块钱一个月，比外面卫生便宜多了，再者，还有糖醋排骨。他兴高采烈地取了钱，交到她手里后，每日一盘的糖醋排骨瞬时变成了每周一碟。他无奈地问，老板，你就这样对待老顾客?

她一手抹着桌子，一手指着他道，臭小子，我是怕你吃太多得糖尿病！这叫健康饮食，你个乡巴佬到底懂不懂?

当他第一次将女友领回家的时候，她原本红润的面色顷刻惨白。他在厨房里悄悄地问，你是不是怕我有了女友之后就不要你了？她孩子一般点点头。

他皱着鼻子笑笑，拍拍她的肩膀说，不会的，你才是我一生中最重要的女人呢！说完，他转身出去了，因为有两颗滚烫的泪珠即将滑落面颊。

那顿饭做得极为丰盛。不过，当晚，他便和女友分手了。他说，在她找到依靠之前，他得把所有精力都花在赚钱和照顾她上。

当然，这事儿她并不知道。

回来后，她问，小子，你们开始多长时间了？他说，分了。她诧异而又内疚地问，怎么了，是不是我做得不好？早知道就别把人家带屋里来啊，到外面饭馆吃一餐，也花不了几个钱。你也不事先通知我，否则，我也可以换身衣服，买些更好的菜回来……

不是，她嫌咱们家穷呢！他打断了她的唠叨。

她不语，半晌，才神情激动地说，别气馁，不就是失恋吗？谁没有过啊？就凭我儿子的条件，找个大明星都行！儿子，多挣钱，以后给妈娶个大明星回来！

看着她日益突出的白发，他双眼有些发酸。懒散地说，我累了，睡一觉就没事了。他不想再听下去，怕自己真会大哭起来。他也不想让她知道，他们分手的真正原因。

4

两个月后，他跟她说，我想去广州闯一闯。她黯然地问，什么时候走？他说，明天。接着，沉默席卷了那个狭窄的客厅。

他说，我很早之前就有这个打算了，就是有些放心不下你。她大笑，我几岁了？你还是从我怀里蹦大的呢，有什么放心不下？你走了，多好，我落得清净，一个人住那么大间房子，宽敞，爱干什么就干什么！

他知道她是在安慰他。她一直都怕一个人在家。临行前，他去花鸟市场买了两只大狗，叫她帮他养着，伙食费他会照付。

事实上，他只是想让它们来保护她的安全，打发她的无聊时光罢了。

他在广州依旧当司机，不过，待遇比在小镇里好得多。稍微节俭一点儿，还是能赚到不少钱。

或许是他加班太多、太疲劳的缘故，一天清早，在人流汹涌的马路上，他和一辆出租车撞上了。人是没伤，不过，把那辆车给弄得惨不忍睹。

出租车司机要求赔五万块钱，要不，就将他告上法庭。他说，你告吧，反正我没钱！其实，在他的银行账户上，这些年已存了近八万块钱，只是他不想拿钱罢了。那些钱，是要用来给她开商店的。

他像当初选择司机这条路一样，细细地盘算，翻了很多资料。五万块钱，他顶多坐两年牢就能出来，而要是赔了的话，没三五年是很难再挣回来的。

她不知从哪儿得来消息，买了站票，连夜坐车，马不停蹄地赶到广州找他。

开庭前，她将所有积蓄一并取出，哀求原告私了。他惊异地问，这些钱你从哪儿弄来的？她含泪说，不都是你这些年给我的吗？放心吧，干净钱！本来打算再存一年就用来给你买辆二手车的。我也知道，在外面干活就是端别人的碗，既然端了人家的碗，哪儿能不受人家的气？谁知，却出了这么一档子事儿。

法院门外，他第一次抱着泛着黑眼圈的她，哭得情不自禁。原来，形如陌路的他们，一直保留着对彼此最深沉的疼爱。

弯腰搬箱的时候他忽然泪落如雨，气喘吁吁地说，等商店好了，我打算再出去闯一闯，这样钱来得快些。

她清了清嗓子说，行啊，你把我捎上就行。他笑，你跟着去干什么啊？看着商店就是了。她说，小时候，你老爱跟着我，你老子带你走你都不走。现在，该我跟着你了。

后来，他留了下来，在小镇里过着波澜不惊的生活。他时刻告诉自己，不能走得太快太远，因为她真的老了，会跟不上他年轻的脚步。

母亲的习惯

◆朱立文

母亲是一个地地道道的农民。

在母亲眼里，世界就是眼前一座连着一座的大山。母亲想象不出除了延绵不绝的群山，世界还会是个什么样子。60多年来，母亲从未走出过大山，在她的意识里，村庄以及村庄上空的蓝天就是世界。她的一生都围着这几座山、几块庄稼地、几间土屋，还有几张饥饿的嘴。多少年过去了，母亲像一头套在老磨上的牛就这样把自己转老了。如今，母亲不会再为饿肚子而发愁了，但她依然保持着正被人遗忘或者远去的生活细节。

很多时候，母亲会从一个麦穗、一个杏核甚至一粒大米上表现出农民固有的坚守来。我称之为母亲的习惯。遭受过贫困、灾荒，甚至死亡重创的母亲，她所表现出来的“习惯”是自然的、不加掩饰的。当母亲弓着身子从麦地里拾起一个麦穗时，她眼里流露出的是对庄稼的依赖和感激，是对土地滋养的敬畏。被镰刀遗弃的一个麦穗，它安静地躺在母亲的掌心里，饱满的籽粒一个个裸露在外面，母亲想到了刚出笼的馒头，她甚至嗅到了浓浓的香气。母亲不会忘了落在地里的一个一个的麦穗，所以，总会花很长的时间去一个一个捡拾。为此，父亲专门用铁丝为母亲做了一个耙子，她一手提着筐，一手拉着耙子在一块空地里不停地转着。拉着耙子母亲就觉得拉着一茬庄稼，总是十分的卖力。耙子把整块地里划到了，她还不放心，于是又弓起身子开始搜寻……

走在路上，母亲会捡起一粒一粒的豌豆，甚至麦粒糜子粒。母亲说，她的眼睛大不如前了，一根线也纫不到针眼上了。一碗糜子足够我们数上几天的，想想，母亲的手这样一天重复着要拾多少次。也许，一碗麦子也就是一只鸡吃上一天的，但母亲不会计算这样的成本。她只想着粮食是用来养人的，不能扔在山上喂了鸟雀。只有粮食装进袋子里放在家里她才会放心，虽然每年的粮食总免不了老鼠偷食、破坏。这也许就是庄稼人的本分。

母亲总是闲不住的。麦子刚上场，屋前院后的杏子开始成熟了。人常说，麦黄杏熟。看来杏子是赶着麦子一块成熟的。但村子里的人这个时候却很少吃杏子的，杏子吃多了人容易乏，就不敢上麦趟了。村里的人都这么认为。所以，大量嫩黄的杏子只会悬挂在枝头，只会招来一群蜜蜂一样的嗡嗡吵嚷的孩子，有的爬在树上，有的站在树底下，一阵乱摇。一阵哄抢过后，树底下铺了一层被摔碎、被踩烂还有被遗弃的杏子。奇怪的是，没有人去责怪这些孩子，他们只会在某个雨后的早晨或者午后去捡拾。

母亲也是如此。虽然房前院后的杏树很多，但同样不会幸免被哄抢、被踩踏。在最忙碌的几天，母亲会一大早来到杏树底下，因为经过一夜的风，树底下会落下密密的一层黄杏子，母亲每天总会捡满一大筐。在捡拾的过程中，母亲会偶尔吃上几个杏子，很多杏子积攒在一起，她又会一个个地将果肉捏掉，将杏核留下来。忙碌一天的母亲早已腰酸背痛，但她总觉得那一个个杏核扔掉可惜了，便总是偷偷背着我们兄妹去做这些的，父亲有时也会帮着母亲去做。偶尔，我们会以各种理由阻止，但大多数时间，母亲依然保持着她的习惯，我们却也无能为力。如果说习惯让母亲保持着一个庄稼人最朴素的情结，而我对母亲身体的担忧却是与日俱增的。在冬天，在寒冷占据村庄每个角落的时候，山上的最后一丝绿也随之消失了，整个大地陷入一种灰土的单一的色调。叶落草枯，母亲看着窑洞里渐渐少去的柴禾，想着漫长的冬季才刚刚开始，她总觉得炕洞里的火还不够旺，炕上席还不够热。于是，她重新背起捡拾过麦穗和杏子的筐，夹起一把老扫帚就出去了。不用问，母亲是出去扫毛衣（草皮）了。

几十年前，为了有热炕睡，人人都出动扫毛衣，山上扫得跟火燎过一般，越发的荒秃、贫瘠。几十年过去了，别人都不为睡冰炕而发愁了，一锹煤、一般电热丝就让一盘炕热起来。但母亲总觉得牛粪柴禾煨的炕才睡着舒服，就像一杯温水，不烫也不凉入口正佳。在树木深处或者沟畔，母亲孤零零的身影更显得单薄和瘦小，在寒风肆虐的某个早晨，她正大汗淋漓地扛着一筐又一筐的毛衣。什么时候窑里塞满了毛衣，母亲的这个冬天就能舒心地过了。

父亲的躺椅

◆崔鹤同

上海的天说热就热。这不，刚进5月，就闷热异常，稍一动作，便挥汗如雨，家里便早早地打开了空调。

星期天一早，妹妹便打来电话，说爸爸让我们去他那里，有急事要办。

有急事要办？他一个90多岁的退休老人有哪门子急事？心里不免有些纳闷。

赶到爸爸那里，才知道他让我们把他那一对躺椅拿出来擦洗干净。

爸爸的躺椅可是个老古董了。爸爸年轻时有一手好木匠手艺，他打的方桌、板凳，四平八稳、严榫合缝，连我们公司同样是木匠出身的总务主任见了都赞不绝口。爸爸的躺椅古铜色，由于常刷桐油保护，加之年深月久，汗水的浸润，肌肤的摩挲，变得油光水滑，亮可鉴人。爸爸的躺椅是用上好的竹片、用细麻绳串联而成，两边的扶手上有三个小孔，扶手下面有一根活动的小圆棍，根据需要小圆棍可插入不同的小孔，以此牵扯着躺椅背靠的部分，直到身体躺舒适为止，使用方便，收放自如。

我家老房子拆迁，住的棚户板房只有9个平方米，是标准的“鸽子笼”。每到夏天，房子热得像个蒸笼，夜晚是不能睡人的。记得上世纪六七十年代，每到傍晚，我们那片棚户区的马路旁，一溜烟都是吃饭、纳凉的居民。待到太阳落山，吃完饭、洗漱罢便天南海北地拉家常，人声嘈杂，热闹异常；晚上9点过后便慢慢人声渐稀，家家开始入眠。那时候四面透风的老板房也无法用空调，只要不是下雨天，家家户户就把床板或者门板卸下来拿到马路边搁起来睡觉。爸爸的一对躺椅，就成了其中的佼佼者，一道独特的风景。爸爸在环卫所工作，那时他常常随装运粪便的运输船下乡。每次他出差回来，冲个凉，喝上两盅老酒，吃罢饭，和我并排仰卧在躺椅上，给我讲些外面的所见所闻，然后便怡然自得地呼呼大睡，这是他最奢侈的事情。隔壁的二呆子，家里人多，他只能睡在两条拼在一起的长凳上，常常从睡梦中掉下地来。有时我躺在躺椅上，惬意地舒展四肢，仰望着满天星斗，露出得意的神色，他可羡煞我了。1965年8月，我支边去了新疆，后来，夏天回沪探亲，晚上也常常是在爸爸的躺椅上悄然入睡的。

1996年，我家的老房子拆迁了，爸爸一个人也分了一间3楼的一室户。搬家时，我和妹妹都说，爸爸你住套间，装了空调，房子又小，这躺椅就处理了吧，扔了或者卖给家具收购店。爸爸一脸的不悦，说："这躺椅跟了我一辈子，说不要就不要啦，包起来带走！"语气十分坚决，容不得半点迟疑。于是，我们只得擦拭干净，用报纸严严实实地包裹好随车拉走。后来，这对躺椅在爸爸的厕所间一"躺"就是十几年。有几次打扫卫生时，每每提到处理躺椅的事，爸爸总是板着个脸，冷冷地说："放着，放着，碍你们什么事了？"有一次，二呆子碰到我妹妹，问起爸爸的躺椅，听说还在，就说40块钱卖给他算了。二呆子做生意发了财，买了三室两厅的房子，又开起了小车。妹妹把这事告诉爸爸，爸爸一听脸都气得刷色，没好气地说："他的钱值钱，他给我4000元我都不给他。"

不知道这次爸爸让我们擦洗这对躺椅干什么？问他，他挥了挥手："你们只管搞干净。"直到我们俩把两个躺椅擦洗得光洁如新，爸爸才说出了事情的原委。原来，前些天傍晚，他站在过道的窗前，看见对面一楼的一户人家，一家3口，围在门前的一个小方桌上吃晚饭。天热，全家晚上就坐门口纳凉，小女孩已经趴在妈妈腿上睡着了。他一连观察过几天。爸爸说，这是一家外地来上海打工的，听口音是安徽人。他们租的房子小，没有装空调，这样的大热天，这对躺椅他们用得着，就给他们吧。爸爸让我们用个妥善的方法“送”出去，别让人家为难。

我和妹妹在过道的窗前望去，正巧看见对面那家女主人出来坐在门前择菜，就一人拿一把躺椅走下楼。垃圾站在住宅楼东头路边，离她家很近，我们正好要经过她家门前。到了她家门口，我和妹妹故意停下来歇息。这时，那女主人抬起头来，看了看我们。过了一会儿，我们就把两个躺椅靠在垃圾站的墙角。这时，我们注意到四周没有其他人，就没有急着回家，而是去了小区外面的小店买了些酱油、味精之类才回家。走到拐角处，一眼就看见那两个躺椅，正斜靠在那家门外水池边的墙上，女主人已进屋做饭了。

我们的做法，爸爸十分满意，午饭也吃得很开心。饭毕，即午睡，他也不留我们，只嘱咐我们走时关好煤气锁好门。等我们悄悄收拾妥当离开时，爸爸已鼾声大作。我想，这时爸爸是不是又像当年正躺在他的躺椅上，心满意足地做他的好梦呢。

母亲的转变，全是爱

◆张金刚

突然发现，母亲的生活理念和习惯转变了，变得让我很吃惊，也很欣慰。

自打母亲舍得投入，买了手机后，电话便如乡村喇叭一般，实时给我播报村里的杂七杂八，通报二老的饮食起居。但不知从何时起，母亲的电话内容变了，净是些养生知识。多吃五谷杂粮，少吃大鱼大肉；不要久坐，要常运动；注意调整心态，生气怒火伤肝；诸如此类，接续不断。

我打趣道：您快成养生专家啦。母亲笑谈：我天天看养生节目，跟着专家现学现卖呗！专家指导就是不一样，一向节俭的二老，日渐注意饮食了；用母亲的话说，嘴头子上不能再吃亏。家产的土鸡蛋，一天吃一个，不再攒着给我们，说是一个鸡蛋营养正好；家种的花生，留下吃的，全榨了油，不再全部卖钱，说是花生油有益老年人健康。每天不忘喝杯豆奶，说是补钙；每顿不能少了稀粥，说是养胃；水果不能断了香蕉，说是防便秘。

搁在先前，我只要这样一劝，便招来数落。可如今，母亲主动花钱“享受”，我自是支持。为了这个家，他们付出的太多，只吃苦未尝甜；年纪大了，越来越会吃，想吃啥就吃啥，也算是一种补偿。每次回家，我提的大包小包重了，母亲的埋怨唠叨没了，我的心也放轻松了。

一次打电话，母亲许久未接。回拨过来，说是在村里小广场跳舞呢。母亲四肢并不协调，扭个秧歌都会顺拐；听说跳的竟是时下最火的广场舞《最炫民族风》，并且不管白天晚上，一有空便约上几个老姐妹跳起来，真是让我大跌眼镜。

原来，在我的反复劝说下，父亲种地渐少，空闲时间多了；冬天二老也肯多添煤，不用上山拾柴了；孙辈已经长大，不用想着看孩子了。一时不知干啥的母亲，一再嗔怪：不能老看电视、晒太阳、扯闲篇呀。一位在城里生活过的大娘，把广场舞带回了村，母亲也便舍下面子，加入了健身的行列。母亲操心忙碌了一辈子，老了闲了，肯苦练舞蹈，学着健身，让我很是安慰，也对母亲的健康放宽了心。

毕竟岁月不饶人，一次天气突变，母亲得了重感冒，卧床不起。父亲慌，我也急，母亲却很坦然地说：找医生嘛。经诊断，说最好输液。母亲二话没说，便挂上了吊瓶。一星期下来，花了好几百块，身体才得以康复。若放在过去，母亲肯定会心疼钱，这次却只字未提。

年轻时母亲不管不顾，上山下地趟水，身体一向硬朗，很少生病。偶尔摊上，也是“扛扛就过去了”，不会“花那冤枉钱”；带她到医院检查，更是固执得很，劝不通、拉不动，吃点药了事。这次重感冒，母亲却一改对病对钱的态度，肯花钱输液了；我笑着劝她：老太太，不服老不行了吧？有病就得治，不能心疼那俩钱。母亲咧开豁齿露风的嘴，一阵憨笑，点头称是，满口答应。

对母亲突然的转变，我一直认为是，老了，懂得保重身体了。然而一次与父亲闲聊，才真正懂了母亲的心。上了年纪，不能挣钱，只剩花钱；而我工资不高，开销却大，母亲心里颇为不安。于是，便有了“花小钱养身体，不生病便是在攒钱”的朴素想法；学养生、搞健身、肯输液，都是为了调养好身体，尽量不因生病给我添麻烦、增负担。

听后，不由一阵心酸：我那可亲可敬的母亲呀，原来您的转变，不是为了自己，全是为了儿子，满满的全是爱啊！

父爱，让我把弯路拉直

◆孟祥菊

朋友聚会，身为部门经理的大刘深情款款地给我们讲述了一段他成长中的小故事。

二十多年前，刚读到高二的大刘便被校方勒令开除了。原因很简单，向来不学无术的他在学校里多次违纪，还故意将一个男同学的脑袋打破了，只因那人背后说了自己父亲一句坏话。木讷的父亲被请到学校，没有做出任何申辩，在向老师连着说了几声“对不起”后，随着大刘闷声不响地离开了校园。回到家中的父亲一句话也没说，拿起一把锄头径直去了田里，直到太阳落山才蔫蔫地回来。

几日闲散过后，大刘感觉无聊，便决定跟着父亲去学农活。父亲依旧不言语，默默去集市备齐了干齐活的用具，并在第二天就带着大刘径直走进了自家的承包田。来到田边，大刘顿时愣住了，只见两侧的高粱、玉米、大豆等农作物都长势喜人，唯有自家地里的庄稼像没娘养的孩子一样矮人一头。大刘低声向父亲讨问原因，父亲告诉他，并不是自己不够勤快，只因自家的田里缺少必备的肥料，复合肥的价格太贵，买不起，常用的农家肥咱又收集不到……大刘第一次在性格老实的父亲面前低下了头，他开始学着父亲的样子，步入没膝深的庄稼地里，细心地为每株玉米拿起了玉米螟……

经过一个秋天的忙碌，别人家的庄稼如小山般被搬进农院，而自家的院落里只收获了数得清的几袋玉为和高粱。看着游走在田野里四处捡拾别人家遗落的谷穗和豆荚的父亲，生性顽劣的大刘忽然落了泪，他第一次懂得，某些耕耘不一定就能换来满圆收获，便如一辈子没读过书的父亲，从他记事起，便终日不停歇地守在自己的几亩薄田中劳作着，可到头来又怎样呢？挣得的钱财非但不够供养自己读书，还落下了上千元外债，以至于年轻的母亲早早就离开他和人另过。

父亲的无能和家庭的贫困，让性格执拗的大刘瞬间成熟起来，他决定返校复读。父亲得到他的这一决定时，依旧是一副无悲无喜的样子，却急匆匆地从枕后拿出一沓厚实的毛票子，两个人数啊数，居然有三百多元……

大刘换了一所高中就读，并从高一读起。重新回到校园的他，变成了一只书虫，开始了一段近乎疯狂的读书岁月。他的心只有一个信念，一定要考上在学，用满腹的学识偿还父亲一个公道！

大刘成功了，他终于如愿以偿地考进了一所理想的大学，并在两个姑姑的资助下，顺利完成学业。毕业后，他又凭着自己的翁势，成功应聘到本市一家财务公司工作。如今，而过而立之年的他，已在自己的岗位上升到副职。

面对众人的艳羡，大刘只平静地告诉大家，在他的一生中，最该感谢的人便是自己的父亲。父亲虽然老实得近乎愚钝，甚至连自己的女人都留不住，却在自己最无助的时候，毫无责备地陪他走过一段弯路，并藉此激励他“知耻后勇”，从而将人生的弯路拉直……

大刘的故事让我心生感动。其实，相对于漫长的人生而言，每个人都不可避免地会遇上一段弯路。这段路上若有人相陪，便是一件极幸福的事；若无人相伴，也是人生的一次馈赠，定当珍惜！

父爱的距离

◆秦采桑

1

是从什么时候，他突然深沉起来，全然没有了小时候对我亲昵的举止？从10岁开始？还是11岁？抑或是12岁呢？

小的时候，他用胡子扎我，告诉我，我是他眼里最美的白雪公主。

小的时候，他出差给我带礼物，并给我一个长长的吻，告诉他有多么喜欢看到我迫不及待地打开他的包，翻找自己的礼物时激动欢快的表情。

小的时候，他向每个朋友炫耀我每一丁点儿成绩。

小的时候，他在打雷时将我从小床抱到他和妈妈的大床上，因为他知道，我是个胆小的女孩子，雷雨的夜里，只有抱着他的胳膊才能甜甜地做梦。

可是，后来，后来，我数次想冲到他怀里扭来扭去，他都慌乱地奔向厨房或者卫生间，留下我不知所措地周身上下打量着自己，我除了个子比同龄人高以外，身上并没有长刺啊，他怎么突然变得像一个陌生人般地拘谨而客气呢？刚升到初一，我便有了月经的初潮，那之后我对男女两性有了一种自我的石破天惊般的醒悟，我似懂非懂地明白我不可能像儿时那样在他背上嬉戏，在他身边撒娇了。

初中要上晚自习，从城东到我们城西的家，有些路段很是坎坷不平，很不好走。可是每次我在前面蹬着车子，他也骑着单车跟在我近10米的后面，如果发现两个人的距离近了些，我都要吃力地猛蹬几下。长大之后，我常常想起他陪我下晚自习的时光，昏暗的灯光下，一对隔着10米左右、沉默前行的父女，他们不说话不打招呼，父亲不远不近地跟在后面。那种亦步亦趋、不离不弃的感觉，是不是就是父爱的距离？

2

如果生活永远像小河流一般平静得没有涟漪，也许和他的距离永远没有拉近的时候。

刚上初中不久，我居然接二连三地收到一位初三男孩子的求爱信，他每次都固执地约我周末我到某某地等你，我想送你玫瑰花，请你一定来啊。我根本弄不懂“喜欢你”是什么意思？我从来对玫瑰之类的花啊草的不感兴趣，当然是对这样的来信不理不睬了！

接连九封信之后，第十封信他下了最后通牒如若我再不理他，他将在学校门口、食堂门口、我家门口等我！

完了完了，我如临大敌一般惶惶不安！让老师和同学们还有父母发现有这样一个人他非要“喜欢”我，这可怎么办？我是不是要被学校处分的啊？！

捧着那封信晚上我咬着枕头哭得天昏地暗，告诉妈妈吧，她是个火爆脾气，特别喜欢找老师啊，打人家家长什么的，不会替我保密。

我只有听着小闹钟嘀嗒嘀嗒地走向深夜，听着楼道里传来的熟悉的咳嗽声，盼着钥匙转动门锁的声音，等待一个人原来是这样地焦躁不安和度秒如年！

我顾不上不好意思，把他拖到我的房间，抽抽泣泣地向他讲述事件的原委，从床板下取出所有的信件全交给了他。

他的脸上露出了深浅不一、捉磨不透的笑容，他轻轻地拍了拍我的头：“吾家有女初长成啊！楠儿，这是你成长中遇到的一件很正常的事情，周末我陪你去见这个男孩了，玫瑰很美丽的，该收就收啊！”

天！他是不是加夜班加昏了头了？我直愣愣地看着他，摸不着头脑，但是他的目光是坚定的、毋庸置疑的、慈祥可亲的。

男孩子看到我和他一起出现的时候，紧张地把拿着花束的双手背到了身后。

他却很绅士地向男孩子行了个礼，温和地说：“小先生！谢谢你喜欢小女，我家这个女儿啊，比较笨啊，她要能下厨洗衣挣钱自立最快也需8年，小女满20岁后，欢迎你去府上提亲，你对这样的安排可满意？”

男孩子像是研究一般地审视着他的脸，过了一会儿，定定地点了点头，把花束递到了我手里，向他鞠躬90度，微笑着离去。

我却不乐意了，狠狠地把花儿塞到他手里：“你怎么能跟人家说我是个笨女孩呢？多丢人啊！”我撒腿就跑，不想跟他一起回家。

他在我身后哈哈哈地大笑起来，回家居然大言不惭地把玫瑰花送给了妈妈，说特意给妈妈买的，妈妈高兴得找了个漂亮的花瓶插进去，注入清水，放了一片阿斯匹林。那束花儿在客厅里整整绽放了25天。

3

等我品尝到喜欢一个人是什么滋味的时候，正逢高三，繁重的课业和暗恋的压抑，让我心灰意冷到极点。

请了病假从学校逃回到家里，想放松一下，想换一种心情。正好妈妈去外地学习，家里只有我和一天在外奔波的他。

深夜里没法睡，拿着偷偷买来的烟到阳台，在漫飞的烟雾中挥洒眼泪。身后的灯亮了，好像他站在身后。

转过身，我无言地看着他，心里知道如果他说我一个不字，我会马上拎起包走人。

他沉默地和我对峙着，我想我可能用一种仇恨的目光看着他。年少的时候，因为生命中的很多不懂得和成长的压力，对最亲爱的亲人，我们往往除了对立，还是对立。

他的眼睛渐渐地有两团火焰在燃烧，我冷冷的目光最终令他的手扬了起来。我倔强地扬起了脸，不闪也不躲。

灯光下，他的左眼角，突然有晶莹的东西滴落下来，他的手在半空中像只突然被放走了气的气球，无力地垂了下来。

他看着我挑衅的目光，叹了口气，扭头走了，顺手关了客厅的灯，我继续在阳台点着一支烟。

第二天晚上，我夹着一支燃烧的烟，怔怔地发呆时，他再次出现了，将我手里的红河拿走，换了一包绿摩尔：“如果，你觉得这个对你有帮助，还是吸点劲儿小的。至少不会很伤身体！”

说完，他静静地回到他的房间，捏着那盒绿摩尔，我终于在阳台上失声痛哭。而他那边，再无了任何声息。

第四天，将他送的摩尔放进抽屉里，赶早便回到了学校。

全身心地埋首到课本中，偶尔会想念那个心仪的男孩子，心里不再觉得只有苦，也有了些许的甘。

4

最近一次的和他长时间接触，是04年夏季，大学毕业半年里，我一直找不到工作。

卷起行李跑回了家乡，将自己关在卧室里，长时间地看碟，听歌，没日没黑地上网，零乱而颠倒地过日子。妈妈劝啊哄的，也会哭，我索性戴上耳机，拒绝与她交流。

他刚刚退休，赋闲在家。常常听到他在我房间门口踱来踱去，也听到他的长吁短叹，他的着急与担忧不亚于妈妈，他开始源源不断地给我买一些小女孩子才会喜欢的东西，芭比娃娃啊、棒棒糖啊、什么一管润唇膏，在我偶尔出现在饭桌上的时候，郑重其事地递到我手边。

后来妈妈说他不要在家里走来走去的，腰疼的毛病早点去看看吧，南门外的医院针灸效果挺好的。妈妈让我陪他一起去，帮他挂号排队，可能需要好几个疗程呢。

很不明白为什么大小医院里永远是人满为患，拥挤不堪。常常是排着排着，便有医护人员领导着熟人插队，或者是来自乡间的患者挤过来低低的哀求，怕治疗晚了赶不及回家的车，请我让一让。

常常地，他慢慢挨到我身边来，让我去排椅上休息一会儿，他来排队，我不允许，学着妈妈的口吻命令他坐回原位，他不肯，坚持让我去坐，他的身体随着人流的拥挤摇摆着，我们两个人又开始了对峙。

就是在那样一个人声嘈杂的夏日，我突然发现他老了。他的头发蜷曲着伏在头顶，灰白的发根雪一样刺眼，他的整个人都不复旧日的挺拔茁壮，多年的腰病令他的背部向前拱着，他的手里，颤巍巍地拿着一瓶矿泉水，他打开盖子，笑眯眯地举到我嘴边。有人狠狠地挤了他一下，他趔趄了两下，我去扶他，他的双手却急于护着递给我的矿泉水。当他站稳后，他脸上的笑容呈菊花状地荡开来："还好，没有洒出来，快，喝两口吧。"

我接过来，别过头去，有什么热辣辣的东西从咽喉一直烧炙到我胸膛。

身为一个即将长大成人的人，有什么样的理由将自己的丁点苦痛放大了给父母看？有什么理由让一个知天命的人这样小心翼翼地呵护着？

一种从未有过的羞耻感溢遍了我全身，让我感觉不到了酷暑的炎热。

5

终于在省城有了一份安稳的职业，而且也有一个叫枫的阳光男孩陪伴在我左右。

某一个周日，当我和枫逛街回到我租的小窝前，发现他蹲在门口抽烟。我惊喜地扑过去，将他拉起来问他什么时候来的，怎么没有提前打招呼？

他迟疑地打量着我身边的枫，愣愣地说："你不是也经常做不打招呼的事么？"

枫连忙欠身作自我介绍："伯父，您好，我是小贝的大学同学。"他狡猾地笑了，说："嘿嘿，同学，同学。"

他坚持为我们俩下厨，还不许我们帮忙，客厅和厨房是连体的。

我和枫两个人在沙发上正襟危坐着，没来由地都有一种紧张。我看到他在擦汗的间隙，不停地用眼偷偷瞄着枫的身影。

吃完饭他便要去赶班车，还是坚持不让我们送他。

枫追了出去大声喊了句：“伯父，我会对小贝好的！”

他停住了脚步，缓缓地回过头来，我发现他的笑容那么勉强，却又夹着些许欣喜。而他背着包远去的身影，落寞而孤单。

说不出来的揪心的难过溢满了我的胸腔，我倒在枫的怀里，泪水濡湿了他的上衣……

6

现在，在灯下写这篇文字的时候，正好翻到了一本丰子恺的散文集，丰子恺在女儿阿宝即将长成一个少女时悄悄叹息：“我突然觉得，我与你之间似乎筑起一堵很高、很厚、很坚的无影的墙，你在我的怀抱中长大起来，在我的提携中长大起来，但从今以后，我和你将永远分居于两个世界了。”

读着这样的文字，我双泪成行，是不是中国人的父爱，在女儿长大后，总让人有一种心酸的失落，但是这种父爱，是那么含蓄而不善表达、那样深沉而感人呵！

请你，告诉我，一个父亲和女儿的距离，到底有多远？到底有多长？

第二辑
梦想的能量

不要犹豫不决

◆佚　名

有一个6岁的小男孩，一天在外面玩耍时，发现了一个鸟巢被风从树上吹掉在地，从里面滚出了一只嗷嗷待哺的小麻雀，小男孩决定把它带回家喂养。

当他托着鸟巢走到家门口的时候，她忽然想起妈妈不允许他在家里养小动物。于是，他轻轻地把小麻雀放在门口，急忙进屋去请求妈妈。在他的哀求下妈妈破例答应了。

小男孩兴奋地跑到门口，可是门外小麻雀已经不见了，他看见一只黑猫正在意犹未尽地舔着嘴巴。小男孩为此伤心了很长时间，但从此他也记住了一个教训：只要是自己认定的事，绝不可犹豫不决。

这个小男孩长大后成就了一番事业，他就是华裔电脑名人——王安。

唱着开心的歌谣去生活

◆鲁先圣

美国最大橡胶公司的董事长莫根有一个著名的观点，他说根据他的观察，一个人取得成功的前提不是学历的高低和专业素养的多少，而是看他做事情开心的程度。

这位实业界的领袖对于那些所谓单靠十年寒窗就可以成名的古训，并没有信心。因此，每次他的公司招聘员工，他的条件都很特别。他不讲学历和专业，他重在考察这个人对于所要应聘的职位有多少兴趣，喜欢的程度。而应聘成功了，他还要继续考察，看这个人做事情是否开心，不能够变成工作的奴隶。因为他认为，一旦变成了工作的奴隶，也就没有了丝毫兴致，所有的创造力必然丧失殆尽，也就不会给企业带来任何创新的精神了。

有一个叫威廉的人，是纽约证券股票交易市场的主管人员，他的收入很高，但是他却没有快乐，他说他被工作忙得连微笑的机会都没有。太太抱怨他缺乏爱，孩子抱怨他缺乏亲情，同事则抱怨他没有人情味。一个偶然的机会，他遇到了莫根。他对莫根说，他是百老汇最成功的人和最不快乐的人。

莫根认为是工作的压力让他失去了快乐的能力。莫根给他写了一张纸的做法，让他每天这样去做。

早上起床以后去洗手间，对着镜子说：早上好，今天快乐！

转过身来见到太太的第一句话就说：亲爱的，早上好！他发现太太万分惊诧，太太说：今天一定有什么好事情吧?

出门开车去公司，哼起最喜欢的歌谣。他发现自己的心情是那么清爽。

到了公司，他对着门口的保安点头微笑，保安受宠若惊地向他敬礼。他对电梯管理员微笑着点头，人家也微笑着致意。见到同事，他马上问候：早上好！他发现大家似乎也都像有什么好事情要发生一样，满脸上都荡漾着快乐。

一天当中，他对所有打交道的人报以微笑，他发现大家对他也报以微笑，全然没有了往日紧张激烈的气氛。

下班回家，开动了车子，他哼起了另一首学生时代的歌谣。他感觉这一天是那么美好，那么轻松愉快，周围的人都是那么和善，这个世界那么富有人情味。

回到家里，他对着太太和孩子微笑，太太和孩子说，今天一定有大好事情！

是啊，他说，人生还有什么胜过好心情呢！

他天天这样去做，所有的人都发现他变了，他由一个容易焦躁非常情绪化经常绷着脸的人，变成了一个总是唱着美丽的歌谣，总是微笑着的快乐的人。

他对于自己的工作，也由原来的畏惧和压力，变得喜欢起来，原来感觉的枯燥乏味荡然无存，现在都变得生机勃勃。没有多久，他的职位得到升迁。

事实上，他还是他，周围的人没有丝毫改变，他的家庭没有丝毫改变，他的工作没有丝毫改变，他只是改变了他自己的心情而已。但是，心情的改变，却把他的一切都改变了。

快乐和幸福人生的秘密在这里，解除烦恼的秘密在这里，成功的秘密也在这里：唱着开心的歌谣去生活。

得卢斯比的小丑

◆罗桑那

8岁那年，我随妈妈离开了爸爸，然后去了英国。虽然他曾经严厉的管教我，但我固执地认为，他是世界上最好的父亲。所以，当母亲在英国念完了她喜欢的学位并嫁给了一个长满络腮胡子的英国男人之后，我从来都不觉得那个男人是我的父亲，而我唯一的父亲，已经离开。我从不对他笑，也不对他哭，我只是有礼貌地、拘谨地与他共同生活。我已经习惯，并且这习惯无法改变，它整整维持了六年。

14岁那年的冬天特别冷，11月末的时候，圣诞的气氛已经很浓了，我念书的那个学校，照例请来了风靡英国的万科马戏团来这里表演。但这一年又有所不同，因为有小丑圣西亚。关于小丑圣西亚，一直以来都有许多传言，最令我们感兴趣的是他神奇的魔术，虽然他不是一个专职的魔术师，但他仍然拥有大变活人的绝技。每一年，他都会挑选一个小朋友，然后把他变得无影无踪，一直到整个演出结束，那个人才会突然出现在座位上。最奇妙的是，从来都没有一个人，愿意告诉大家他自己被变到哪里去了，所以他变走的去处成了一个永远的秘密，那个小孩也就成了永远的英雄。这一切是真实的，并且今年的圣诞，在我们这个叫做得卢斯比的小镇，也会发生同样的奇迹，这是多么令人激动啊！

毫无疑问地，我们学校的所有同学，甚至镇上大部分的居民，都在热切期待着那一场马戏团的表演，以及那个叫圣西亚的会变魔术的小丑。

很快，整个镇上都贴满了关于这场圣诞演出的海报，其中圣西亚的照片被突出地放大，下面是一行小小的字——“我曾经有很美满的家庭，有很爱我并且非常相爱的父母。可是，自从我16岁那年母亲遭遇车祸之后，父亲就患上严重的忧郁症，他几乎不再微笑，医生甚至告诉我，他的笑神经已经萎缩。于是，我选择了做小丑，只是希望，当我的演出赢得你们的笑容，我的父亲，他也会是其中的一个。”——圣西亚——哦！父亲！读完的那一刻，我仿佛觉得心底有一个地方突然微微颤动了一下，有些痛。

两周之后的那个晚上，我坐在密密麻麻的人群之中，看着精彩的马戏表演，同时焦灼地等待着圣西亚的出现。我不知道谁会是那被变走的小孩，我只是希望能亲眼看见有人突然消失的情景——那已经足够奇妙了，不是吗？

然后，圣西亚走了出来，伴随着热烈的掌声，他对着麦克风，非常清晰的声音：“下面我宣布即将消失的那个人的名字——他就是14岁的桑那·罗先生。”我愣住了，我？真的是我？这么好的运气会落在我头上？有没有听错？在妈妈和继父催促的笑容中我站起来，走向演讲台。我将在周围人群的欢呼声和喧闹声中牵住圣西亚的手，然后我将神气地消失5分钟，就这么眼睁睁地，从几千人的眼皮底下消失了。我很快就会成为众人瞩目的英雄，会有无数人拼命地问我——你到底去哪里了？他是怎么做的？你是怎么回来的？是的，我不知道这些问题的答案，他们将永远是一个谜，但所有的人都会认为，我是这个谜底的拥有者。

我的眼睛忽然黑了。不知道过了多久，我突然觉得眼前亮了，因为我又回到了演出现场，就在圣西亚的旁边。他弯下腰来，低声在我耳边说了一句话：“你笑起来很好看，约克先生一定会很高兴的。”热烈的掌声已经令我笑得有点傻了。这实在是太令人兴奋和意外了！圣西亚拉住我的手，送我到走下舞台的台阶处，他弯下身来拥抱我，突然说了一句："罗，我只想告诉你一件事，我不知道你和你父亲之间究竟发生了什么，但我必须告诉你，约克先生，他是一个很好的父亲，他那天对我说：'尊敬的圣西亚先生，你是一个热爱父亲的人，可是我的孩子，他从8岁到14岁，从来没有在我面前开心地笑过一次……他是我的儿子……'"哦，是他！我母亲的丈夫，约克先生！他正在冲我激动地挥手……"你笑起来很好看，约克先生一定会很高兴的。"圣西亚说。

走下台回到座位上，周围人群对我的反映同我想象的一模一样。我兴奋地接受各种羡慕的眼光，根本无暇顾及刚刚的疑惑，直到演出散场。

回家的路上，约克先生正专心致志地开着车。是的，他是我母亲的丈夫，被我叫做约克先生的那个男人，而我只是一个从未叫过他父亲的14岁的孩子。

我说："约克先生！"

他侧了侧耳朵，

"圣诞快乐，爸爸！"

"圣诞快乐，儿子！"

那是我记忆中最快乐的圣诞，我第一次跟约克先生，哦不，是爸爸，紧紧拥抱在一起。

此后的一切都如此美妙，而小丑圣西亚，我和父亲、我们一直都以为，他是上帝派来的天使，专程拯救像我们这样失去欢乐很久的人群，你以为呢？

等待花开

◆匡立庆

小沙弥因为一个偶然的机缘，得到了一粒种子，给他种子的禅师说这是善之花，有缘人等到花开那日便可以悟道成佛。

果然是一颗神奇的种子。它很快就生根发芽，抽出两片长长的叶子，长成了一株兰草的模样。然而过了花开的季节，它仍旧只是一片翠绿。小沙弥心中并不恼，反而愈见诚笃：太过容易怎能了悟真道！

一年又一年，小沙弥渐渐长高长大，善之花的枝叶却仍像第一年的光景，不曾有任何变化，甚至也不随四季更替，只是一味地青碧嫩绿。

环境却起了很大的变化，绿色越来越少，水源越来越远，风沙日益猖獗，香火日渐冷落，到后来，寺院只剩下沙弥一个人。沙弥每天要走20里路化缘，走10里路挑水。

后来，水井越来越深了。沙弥挑水回来的路上，常有一群乌鸦跟随盘旋。沙弥心知其意，便常常弃了担子，走远几步，待乌鸦们饮过了再赶路。到后来乌鸦们不再畏惧，直接落在桶沿上，任由沙弥挑着边走边饮。乌鸦们饮过，沙弥还会把沿途仅有的几棵小草逐一浇灌。

善之花的蓓蕾日渐一日地饱满。沙弥每天夜里都会梦见花开，看见五彩的花瓣，嗅到沁人心脾的馨香。早晨醒来，沙弥常觉唇齿之间犹有余香。

风沙更大了，绿色更少了，沙弥化缘路上的那几棵小草也在一夜之间被风沙深深埋葬。沙弥给善之花搭了棚子，夜里就睡在棚子里，只等着花开就离开。

一天夜里，风暴把一个男孩送进了沙弥的棚子。他怀里抱着一只瘦弱的羊羔，它气若游丝，眼看就要死了。沙弥慈悲心动，却无计可施。

孩子一眼就看见被周围暗黄的沙土衬托得愈发嫩绿的善之花，眼睛里亮了一下，嗫嚅地说："这只羊羔，生下来就没吃过青草……"

沙弥大窘，看着花，花苞已经一点点绽放，五彩之气氤氲缭绕。再看看那只羊羔，它眼睛里的生命之火一点点黯淡下去，在男孩怀里像个可怜的婴孩。沙弥心里大叫着：再等等，再等等，花开了我就可以救你了……

孩子"扑通"一声，给他跪下了。

沙弥长叹一声："无缘"。他闭上双眼，缓缓伸出手握住了那两片柔嫩的叶子，打算把它揪下来喂给羊羔。没费任何力气，整株花好像自己钻出了地面，沙弥觉得自己的心好像也被谁一把拎出了胸腔……

就在孩子接过花的那一刻，善之花突然绽放，沙弥梦中见过的五彩，梦中嗅过的清香，立刻弥漫了这个简陋的草棚。

东京塔的眼泪

◆龙信

在日本培训期间，我偶尔会做广播节目调查。那次是在医院，有个女护士，忍不住呵呵笑说："我们这里就有个得了咽部肿瘤的老太太很喜欢听收音机呢。"

"太好了，"我说，"她喜欢听什么节目，是清晨的朗读节目吗？"

女护士刚才微笑的脸突然变得羞红："是夜间节目。"

夜间节目就是性热线比较含蓄的说法，那足够变态了，我无法想象一个老太太在深夜收听性节目的情景。

"并且她每天都听，闭着眼睛，嘴角带笑，看上去非常享受，甚至会跟着里面的笑话而大笑。"我被这个护士描述的情景搞得有些反胃，但本能的好奇让我实在无法不去看望那个老太太。

那时候是三月，日本的樱花正在怒放，被风吹过，粉红花瓣像雪一样纷纷扬扬飘落。在这样唯美的情境里，我看到老太太和东京街头众多慈祥的妇人一样，梳着干净的发型，满脸笑意，那张因为岁月而松弛的脸庞满是乐观坚强，我决定永远不戳穿那个秘密，毕竟每个人内心都有无法与人分享的秘密。甚至，后来有许多次我都想，可能在寂静无声的夜晚，身体里的肿瘤会让人疼痛，而声音会让人转移注意力，所以她心里根本没有在乎这是一档什么节目。

离开日本前几天的一个深夜，东京电台的几位朋友为我送行，但那天我却因为吃坏肚子跑了趟医院。

这家熟悉的医院，两个月前我曾经来做过调查，突然想起那个老妇人，不知道她是否还保留着那个特别的爱好。看完病以后已经是午夜两点，我忍不住走到那间病房门口。如我想象的那样，我听到了房间里传出收音机的声音，而电台正播放着男主播低俗的笑话和那些奇怪听众无聊的问题。

我实在不想把内心的疑惑带回国内，所以忍不住走进去。我依旧见到那个老太太，和护士小姐描述的那样，她倚靠在床头，嘴角带笑，无比陶醉地倾听着让人脸红耳热的问答，只不过两个月不见，老人苍老了许多。那天的我是突兀而没有礼貌的，我直接问她“您为什么会喜欢这档节目呢？”然后我得到了令我震撼一生的回答。

“没有别的原因，我儿子在主持这个节目。”她的声音轻快，无比满足和骄傲。她甚至翻了翻收音机，把贴着这个节目的播放时间的底部给我看，“我每天都听。”

那一年，我回国后立刻成了电台主播，要知道超女快男满天飞的年代，主播们已经向偶像化发展，没有人愿意去主持夜间性热线，我却主动表示愿意。我知道这些夜晚，总有一个人带着真正纯真的耳朵和心在收听你的节目，甚至对节目中出现的那些无聊或有聊的听众津津乐道。这个人永远爱你，绝对不会在乎你做什么，在所有人关心你飞得高不高的时候，只有她关心你飞得累不累。而在你对某种生活低头的时候，她会提醒你，嘿，你是有妈的孩子，你是有人要，有人爱的！

顺便提一下，这个故事的小情节后来被Lily Franky写进了小说，那部小说被拍成了电视剧、广播剧和电影，赚取了全世界无数人的眼泪。那部小说的名字叫《东京塔》。

风中的白玫瑰

◆[美]威廉姆斯·科贝尔　牟婕 译

我急匆匆地赶往街角的那间百货商店，心中暗自祈祷商店里的人能少一点，好让我快点完成为孙儿们购买圣诞礼物的苦差事，天知道，我还有那么多事情要做，哪有时间站在一大堆礼物面前精挑细拣，像个女人一样。可当我终于到达商店一看，不禁暗暗叫起苦来，店里的人比货架上的东西还多，以至店内温度比外边高好几度，好像一口快要煮沸的锅。我硬着头皮往玩具部挤，抱怨着，这可恶的圣诞节对我简直是一个累赘，还不如找张舒适的床，把整个节日睡过去。

好不容易挤到了玩具部的货架前。一看价钱，我有点失望，这些玩具太廉价了。俗话说，便宜没好货，我相信我的孙儿们肯定连看都不看它们一眼。不知不觉中，我来到了洋娃娃通道，扫了一眼，我打算离开了。这时，我看到了一个大约5岁的小男孩儿，正抱着一个可爱的洋娃娃，不住地抚摸她的头发。我看着他转向售货小姐，仰着小脑袋，问："你能肯定我的钱不够吗？"那小姐有些不耐烦："孩子，去找你妈妈吧，她知道你的钱不够。"说完她又忙着应酬别的顾客去了。那小可怜仍然站在那儿，抱着洋娃娃不放。我有点好奇，弯下腰，问他："亲爱的，你要把它送给谁呢？""给我妹妹，这洋娃娃是她一直特别想得到的圣诞礼物。她只知道圣诞老人能带给她。"小男孩儿说。"噢，也许今晚圣诞老人就会带给她的。"小男孩儿把头埋在洋娃娃金黄蓬松的头发里，说：“不可能了，圣诞老人不能去我妹妹待的地方……我只能让妈妈带给我妹妹了。”我问他妹妹在哪里，他的眼神更加悲伤了，“她已经跟上帝在一起了，我爸爸说妈妈也要去了。”

我的心几乎停止了跳动。那男孩儿接着说：“我告诉爸爸跟妈妈说，先别让她走，我告诉他跟妈妈说等我从商场回来再让她走。”他问我是否愿意看看他的照片，我告诉他我当然愿意。他掏出一张照片。“我想让妈妈带上我的照片，这样她就永远不会忘记我了。我非常爱我的妈妈，但愿她不要离开我，但爸爸说她可能真的要跟妹妹在一起了。”说完他低下了头，再也不说话了。我悄悄从自己的钱包里拿出一些钱。我对小男孩儿说：“你把钱拿出来再数数，也许你刚才没数对呢？”他兴奋起来，说道：“对呀，我知道钱应该够的。”我把自己的钱悄悄混到他的钱里，然后我们一起数起来，当然，现在的钱足够买那个洋娃娃了。“谢谢上帝，给了我足够的钱。”他轻声说：“我刚刚在祈求上帝，给我足够的钱买这娃娃，好让妈妈带给我妹妹，他真的听到了。”然后他又说：“其实我还想请上帝再给我买一枝白玫瑰的钱，但我没说出口，可他知道的，我妈妈非常喜欢白玫瑰。”

几分钟后，我推着购物车走了，可我再也忘不掉那男孩儿。我想起几天前在报纸上看到一条消息：一个喝醉的司机开车撞了一对母女，小女孩儿死了，而那母亲情况危急，医院已宣布无法挽救那位母亲的生命，她的亲属们只剩下了决定是否维持她生命的权利。我心里安慰着自己——那小男孩儿当然不会与这件事有关。

两天后，我从报纸上看到，那家人同意了拿掉维持那位年轻母亲生命的医疗器械，她已经死了。我始终无法忘记那商店里的小男孩儿。有一种预感告诉我，那男孩儿跟这件事有关。那天晚上，我实在无法静静地坐下去了。

我买了一捧白玫瑰，来到给那位母亲举行遗体告别仪式的殡仪馆。我看见，她躺在那儿，手拿一枝美丽的白玫瑰，怀抱着一个漂亮的洋娃娃和那男孩儿的照片。

我含着热泪离开了，我知道从此我的生活将会改变。

只是一团污迹

◆林 乡

周末朋友打来电话，让我今晚去滨海路的老地方。我如约而至，几年来，我们许多个周末都扔在这里了。大部分时间是在这里疯，很放纵的那种，喝酒，打赌，“鬼哭狼嚎”OK够了回家睡觉。也有很正经的时候，朋友中，谁遇到棘手的事在做出决定之前，我们聚在这里认真地探讨，帮他拿主意。虽然朋友什么也没说，可我知道，今晚就是这后一种。

一进门，看见朋友坐在沙发上抽烟。我向四周看了看，他说：“没别人，就咱俩。走，上里面去。”我们进了里间，点好菜，一边吃，一边聊，用张三、李四做序，然后话锋一转切入正题。

“上个月我去上海接触了一家公司的部门主管，他有意让我到他手下做事。他们是我们这个行业里很有名气的大公司，怎么跟你说呢，相当于IBM吧。”

我看看朋友，我们是从小学到中学的同学，到了大学就分开了，我学化学，但不喜欢做实验，他学机械，却动不动跑到我们的实验室。我怀疑我们都入错了行。果然，毕业不到3年，我们都各自离开了本行当。

“你知道，以前也有过这样的体会，但都没动心。我从机械总公司出来，就是想办一个自己的公司，为此，吃尽了苦头，但我不是一个轻易认输的人，我相信所有的付出终有回报。可是已经5年了，我还是在生存线上挣扎，整天为房租、电话、人员、开支这些琐事操心，为合同、订单绞尽脑汁，可辛辛苦苦赚的钱转眼又支出去了。就这么整天忙忙碌碌，四处奔波，不知道离成功还有多远。”

我们慢慢地喝着酒，外面电视里又在播“下岗”的节目。在越来越多的人下岗，人们为能谋到一份能养家糊口的工作而倍感知足的时候，我们却在为该不该接受一个月薪700美元的岗位而犯愁。我们这是怎么啦?

我拿起酒杯，晃动了几下，说：“你知道，有机化学实验，每次反应物组分相同但得到的生成物组分却不相同，生成物的组分不仅取决于反应物，还取决于反应时状态，如温度、气压、搅拌速率等。人生进程就像有机化学反应，总是处于一种不确定状态，我们唯一能确定的只有一点，那就是：付出不一定有结果，但不付出就一定没有结果。”停了一会儿，我看着他，问：“如果坚持自己做，可能会有什么结果？”他想都没想：“两种结果，成功或失败。”我说：“成功和失败的可能性各占多少？”“我不知道。”“那就是各占50%。”我又问：“去那家公司，可能会有什么结果？”朋友想了想，说：“过一种稳定而庸常的生活。”我说：“你会甘心为了100%的平庸而放弃那50%的成功机会吗？”朋友沉默不语。我从包里拿出笔记本，从本上撕下两张纸：“别急着做决定，你回去以后一个人好好想想，把两种选择可能带来的好处和坏处列个清单。”说完，看看表，快10点半了，我们起身离开，赶回家看国际影院的名片欣赏，今晚演《居里夫人》。

我是学化学的，当我看到居里夫人在她的“实验室”里搬成袋子的沥青矿渣，把它们倒在一口我在乡下外婆家见过的煮饭用的大铁锅里，用粗棍子搅拌，我真是吃惊不小，因为那根本不是我记忆中的实验室。由于居里夫人只是理论上推测但无法证明她的新元素镭，所以巴黎大学的董事会拒绝为她提供她所需要的实验室、实验设备和助理员，她只能在校内一个无人使用的四面透风漏雨的破旧大棚子里进行实验。她工作了4年，最初两年做的是粗笨的化工厂的活儿，不断地溶解分离，第3年才开始做实验室的工作，把所有的已知物分离，最后剩下的就是镭。经过一千多个日夜的辛苦工作，8吨小山一样的矿渣最后只剩下小器皿中的一点液体，再过一会儿将结晶成一小块晶体，那就是新元素镭。当她满怀希望抑制住激烈跳动的心朝那只小玻璃器皿中看时，她看到4年的汗水和8吨的沥青矿渣最后的结果只是一团污迹！我想她一定会很生气，大发火，然后把那个小器皿连同里面的那团污迹摔得粉碎！假如换了我，我就会那样做。但是居里夫人没有，幸亏没有。

居里夫人疲倦地回到家，晚上她躺在床上，还在想着那团污迹，想找出失败的原因："如果我知道为什么失败，我就不会对失败太在意了。为什么只是一团污迹，而不是一小块白色或无色晶体呢？那才是我们想要的镭。"居里夫人像是对自己又像是对居里说话，突然，她眼睛一亮：也许镭就是那样子，不像预测的那样是一团晶体。他们起身跑到实验室，还没等开门，居里夫人就从门缝里看到了她伟大的"发现"：器皿里不起眼的那团污迹，此时在黑夜中发出耀眼的光芒。这就是镭！一种具有极强放射性的元素。

就在那一刻，我突然明白了为什么我们大多数人总是与成功失之交臂：当我们两只眼睛都盯住成功的招牌时，我们无法保留一只眼睛注视自己，反省自己，又怎么可能去理会那一团不起眼的污迹呢？

梦想的能量

◆[美]辛西娅·斯图尔特　邓笛 译

从我家厨房的窗户可以看到街对面一所中学的篮球场。有一个女生特别吸引我的注意，她总是和男生们一起打篮球。在那些高大的男生堆里，她显得那么弱小，惹人怜爱。但是，她丝毫不比男生逊色，一会儿快速运球，一会儿长传，动作干净利落，作风泼辣顽强。

我还注意到，她每天在别的小孩离校后仍然会独自一人留在篮球场苦练，有时一直练到天黑。一次，我问她为什么要练得这么刻苦，她不假思索地说："我想上大学。但爸爸说，他没有能力供我上大学，唯一的办法就是靠自己争取奖学金。我喜欢打篮球，我要把篮球打好，有了这个特长，我就能申请奖学金。"

这是一个勤奋而有毅力的女孩。从中学低年级到高年级，她一直没有放弃她的梦想，矫健的身影每日都会出现在球场上。我关注她，祝福她。

然而，有一天我发现她双臂抱膝，把头埋在胸前坐在球场边的草地上。我走过去，关切地问她发生了什么。

"没什么，"她轻声地答道，"只是因为我个子太矮了。"教练告诉她，任何一个大学篮球队都不会录用一个身高只有1.67米的人作为队员，这样她希望通过篮球特长获取奖学金的梦想很难实现了。

我理解她心中的失望和痛苦，多年的梦想就因为身高条件而不能实现。

我问她有没有和爸爸谈过这件事情。她抬头告诉我，爸爸认为，教练不懂得梦想的能量，如果她真的想获得奖学金，就没有什么能阻止她，除非她自暴自弃；因为梦想比条件更重要。

她爸爸的话得到了印证。第二年，在“加利福尼亚中学生篮球锦标赛”上，由于她在场上的出色表现，一所大学的篮球教练看中了她，她如愿以偿地获得了奖学金，成了一名大学生。

可是，在她上学不久，爸爸就患了癌症，不幸去世。她又面临新的困难：一方面，她的家更穷困了，4个弟妹还未长大成人，最小的弟弟才出生几个月，她要帮母亲挑起家庭的担子；另一方面，由于花了很多时间在打球上，她的功课也耽误了不少。那些年，她要打球，要学习，要照顾家庭，困难重重。然而，她咬着牙，要实现她的新梦想，那就是获得学位。她时刻记着爸爸的话——“梦想比条件更重要”。

她的确做到了！她获得了学位，尽管这用了她6年的时间，但是她没有放弃。现在，每当太阳西落，我都会看到她在球场上奔跑、跳跃、投篮，顽强自信，充满活力。她常挂在嘴边的一句话依然是：“梦想比条件更重要。”

我为什么对她了解这么多？读者也许猜到了，因为我就是这个女孩子的母亲！

交换

◆老面

几年前，我搭乘长途汽车在美国的各城市之间艰难跋涉，为我的摄影创作寻找素材。就在这次旅行的最后一站西雅图市，我遇见了兰迪·麦克理。

兰迪大约有六七十岁，但看起来像已经超过了100岁。他的披肩长发灰白零乱，其间夹杂着头天晚上在纸窝棚里睡觉时粘带的杂草。他的衣服又脏又破，浑身散发着酒精和尿臊味。我第一次遇见他时，他正站在西雅图市中心的人行道上向路人乞讨，他面带微笑，双手前伸。其实，他每天都这么站着。人们从他的身边来来往往，要么没意识到他的存在，要么就干脆躲避着他。

他的微笑却是真诚和令人愉悦的。那天，我在一旁观察了他很久。我觉得他是一个很好的拍摄对象，于是同他谈了谈，每天付给他一些小钱，请他允许以他为对象拍摄一组照片。他答应的很痛快。随后的3天里，我都躲在暗处，拍摄兰迪·麦克理的生活。他还同以前一样，每天站在市中心熙熙攘攘的街口伸出双手，面带微笑向人们讨钱。

第二天下午，来了一位小姑娘，大约六七岁的样子，穿着整洁合体的衣服，头上梳着小辫。她走近兰迪，从后面轻轻拽了拽他的衣角。兰迪转过身，小姑娘伸手将一个东西放到兰迪的手心里。一刹那，兰迪喜笑颜开。只见他马上伸手从口袋中掏出什么放进小姑娘的手心里。小姑娘也兴奋不已，欢蹦乱跳地向不远处一直望着她的父母身边跑去。

我简直抑制不住，想立刻就从隐蔽处跳出来，问一问他们俩究竟交换了什么神奇的东西，但想到所拍照片的客观性，还是努力地克制了自己。当这一天的工作结束后，我向兰迪提起了困扰了我一整天的问题。

“很简单，其实就是一枚硬币。她走过来，给了我一枚硬币，我反过来送给她两枚硬币。”兰迪·麦克理解释道，“因为我想教会她：如果你慷慨大方，你所收获的总会比你付出的多”。

金钱豹的故事

◆樊富庄

一天，著名动物标本制作师爱克兰正背着猎枪在非洲索马里的热带雨林四处张望，忽然，一只金钱豹趁他不备时对他发起进攻。爱克兰被豹子扑倒在地，胸膛也被它那锐利的爪子狠狠地压住了，不过，豹子没有咬住爱克兰的喉管，却咬住了爱克兰的右手腕。

在这危急关头，爱克兰忍着剧痛，举起左手将一梭子弹射入豹子的腹部，鲜血从它的体内不断地流出来，不一会儿，豹子大嘴张开，倒在地上。

爱克兰这才松了一口气，跑到附近的一棵大树下，急忙把伤口包扎好，等爱克兰重新回到金钱豹倒下的地方时，发现它已不翼而飞。难道它没有死？

爱克兰仔细查看草地，他终于看到地上有一条长长的血带，断断续续地向前方延伸过去。他顺着血迹，一步步搜索过去。

血迹和被压倒的花草痕迹，把爱克兰引到了一棵巨大的沙松树跟前。他抬头一望，一条长长的豹尾和两条毫无生气的后腿从树洞口耷拉下来，鲜血染红了洞口的树干。

爱克兰心中一阵纳闷，这只金钱豹正是刚才和自己搏斗的那只豹子，可是，它是怎么跑到这里来的呢？它又为什么要爬到这个树洞里去呢？爱克兰大胆地踮起脚跟向树洞里望去。啊！他惊喜地叫了一声，他看见了两只豹崽正依偎在金钱豹的怀里，起劲地吸吮着奶头。它们浑身沾满了血，不停地往母豹怀里拱。爱克兰受到了很大的震动，原来是伟大的母爱使这只金钱豹重新回到了自己孩子的身边。爱克兰的眼睛模糊了。

后来，爱克兰把两只小豹崽送给了国家动物园，把那头母豹制成了一个漂亮的标本，他在标牌上写着："为了两只刚出生的孩子，这头母豹在弥留之际，竟爬了千余米长的距离，重新回到窝里，用血和剩下的一点乳汁拯救了它的孩子。"

救人的理由

◆陆子

江西籍的民工躺在病床上，他的一条腿昨天晚上已被技术娴熟的外科医生锯去了。

这位年轻的小伙子沉沉地睡着了，好像忘了在他身上发生的一切。工友们围在他的病床旁边，等待他呼天喊地的哭声。

可是，他没有哭。睁开眼的一刹那，只是滑落了一滴泪，在阳光下像一条蚯蚓一样在脸庞上爬着。

“哭出来吧。”工友说。他不哭，咬咬嘴唇，又闭上了眼。

他是为救一个姑娘负伤的，被一块预制板压断了左腿。当那块没有放稳的预制板像一只吃人猛兽一样砸向地面的时候，他正在一楼拌泥浆，而姑娘正在停放她的自行车，也许她的车锁锈了，她低着头一直在鼓捣那把车锁，她不会想到头顶上有一块预制板朝她砸来。

小伙子看到了。他猛扑过去，冲向那个长得很靓的姑娘，姑娘本能地惊叫起来，她以为自己遭到了可怕的攻击。

预制板撞击地面的巨大响声，几乎把她震昏过去。她发现小伙子用一种她不能忍受的姿态抱着她的身体，她想掰开，但她发现了血，很多血。她绝望地呼喊起来。

血不是她的，是小伙子的，他的一条腿被压碎了，而她只是擦破了一些皮。

姑娘到医院去看他，是她的母亲陪她去的，拎了许多营养品。那时小伙子还没有醒来，她们坐了一会儿，便走了。

记者来了，这是一个可以挖掘出许多鲜活东西的事件。因为在城市许多居民的脑海里，民工几乎可以和罪犯等同起来，但这个民工却做出了另一种答案。

记者问："你为什么去救那个姑娘？"

开始小伙子不理睬记者，最后他说："我喜欢她。"

这样的理由让所有人大吃一惊，原来他是喜欢那个姑娘才去救她的。

这种喜欢原本就没有结果的，她漂亮，在事业单位工作，而他只是一个打工者，在这个城市里没有一寸属于自己的土地，甚至没有一件体面的衣服。

但是，他却喜欢上了那个姑娘，他在工作的时候，关注着姑娘的每一个动作，看着她上班下班，看着她的一颦一笑。

我不知道事件的结果如何，小伙子将何去何从，姑娘又将如何面对一个为她牺牲一条腿的生命。

很多人在闲聊的时候，都会说起那个小伙子，他们说他实在太蠢了，竟然为了喜欢一个不可能得到的姑娘失去了一条腿。

但是，我总是不希望人们如此看轻一个单纯和宽厚的生命。每当我把这个故事放在自己的灵魂深处，就会产生一种炙烤感。什么才是人性的善良，什么又叫爱，我们可以不回答。但那些被我们嘲笑和冷落的，却恰恰是我们最需要的，慢慢品味它，可以让人泪流满面。

一位获得了自由的人

◆[巴西]保罗·科埃略　陈荣生 译

曼纽尔连续不断的工作了30年，给他的孩子们提供了教育，树立了一个好榜样，把自己的全部时间奉献给工作，而且从没怀疑过："我所做的事情有意义吗？"他唯一关心的事情就是：越是让别人知道他比别人要忙，他在大众的眼里就越是重要。

他的孩子们一个个长大成人，另立门户了，他本人在单位也得到了提升。然后，有一天，他获奖了，是一只手表或一支钢笔之类的物品，用以认可他多年来的奉献，朋友们也挤出了一两滴眼泪，期望已久的时刻来临了：他退休了，自由了，想做什么就可以做什么了！

头几个月，他还会不是到原单位走走，与老朋友聊天，享受做着自己一直梦想着要做的事情的乐趣，那就是睡懒觉。他到海边散步，或到城里闲逛。不久，他用那些血汗钱到乡下买了一所房子，他爱上了打理花园，一点一点地解开了植物和花卉的神秘。曼纽尔有时间，他有了世界上所有的时间。他去旅游，使用了他以前的一部分存款，他去参观博物馆，在参观的两个小时里，了解到不同时代的画家和雕塑家都需要经过几个世纪的时间才能如此出名，但他已经觉得至少自己的文化素养正在提高。他拍摄成百上千张照片，并将这些照片寄给朋友们——毕竟，他们应该知道他是多么的幸福！

又过了几个月，曼纽尔知道了花园里的植物并不完全遵循人类所遵循的规则——他种植的东西都需要经过一定的时间才能生长起来，而且他还尝试着要看看玫瑰是否都长了花蕾。经过一番认真反思后，他发现在旅途中看到的一切，只不过是旅游巴士窗外的一幅风景画，是存放在照片上的纪念物，但事实上他对这些没有什么特殊的感情，他更关心的是把这些事情告诉他的朋友们，而不是他在外国找到自己的神奇生活经历。

他仍然观看电视播放的所有新闻节目，阅读更多的报纸（因为他有更多的时间了），自认为是一个非常见多识广的人，能够与人讨论以前无法与他人讨论的那些事情了。

想找人分享他的意见看法，但是所有人全都沉浸在人生之河中，他们干活做事，既羡慕曼纽尔的自由自在，同时也因为对社会有用而感到开心，因为他们是“忙于”重要的事情。

曼纽尔想从他的孩子们身上获得安慰。他们总是把他看成是对他们影响很大的人——他一直是一位出色的父亲，是诚实和奉献的榜样——但他们也有其他担心，尽管他们已经把星期天与父亲吃饭当成了一种职责任务。

曼纽尔是个自由的人，有相当厚实的经济条件，见多识广，有一个辉煌的过去，但现在怎样了呢？经过多少艰辛才赢得的自由有什么用呢？每个人都亲切的跟他打招呼，每个人都赞美他，但却没有一个人愿意把时间放在他身上。慢慢地，曼纽尔开始觉得伤心和没用——尽管一直以来他都把所有的时间用在这个世界及其家人上面。

一天晚上，一位天使出现在他的梦中。“你一生做了些什么？你是否努力按你的梦想生活？”

曼纽尔惊醒过来，全身都是冷汗。什么梦想？他的梦想是获得文凭、结婚、生子，为孩子们提供教育、退休、旅游。天使为什么会用这些毫无意义的问题来打扰他呢?

另一个漫长的一天开始了：阅读报纸，看电视新闻，打理花园，吃午饭，打个盹，然后去做自己想做的事情，而且在这个时候会发现自己并不想做任何事。曼纽尔是个自由的人，伤心的人，离沮丧只有一步之遥了。因为他总是太忙，没有时间考虑人生的意义，而人生的时光就这样流逝了。他记得，有一首诗是这样写的："他经历了生命，但却没有生活过"

曼纽尔知道，现在已经是太迟了，无法接受那种人生观了，所以，最好是转换话题。原来，经过千辛万苦斗争所获得的自由，只不过是带着伪装的被流放的囚徒。

真情与美丽

◆[美]佚名　章丽 译

约翰·布兰查德从长条椅上站起来，整了整军装，看着涌向中央地铁车站的拥挤的人群。他在寻找一个带着玫瑰花的姑娘，一个他深爱着却未谋面的姑娘。

约翰开始注意到这个姑娘是1年零1个月前的事了，故事发生在佛罗里达州的一个图书馆里。当时，约翰从书架上取下一本书来读，但吸引他的不是书本身，而是书里面夹着的书签上用铅笔所做的评注。娟秀的字迹表明作者是一个爱思考、有见解的人。

在书的前面，他找到了书的前主人的名字——赫利斯·梅雷尔小姐。经过一番周折，他找到了梅雷尔小姐在纽约的住址。接着他给梅雷尔小姐写了一封信，介绍了自己并发出相互通信的邀请。就在信发出的第二天，约翰被派到海外参加了第二次世界大战。

在接下来的1年零1个月的时间里，约翰与梅雷尔小姐通过书信了解了彼此。每一封信都像是落在肥沃心田上的一粒种子，浪漫的爱情在心田上悄悄地萌发。在信中布兰查德向梅雷尔小姐索要过照片，但梅雷尔小姐拒绝了，她觉得约翰如果真的在乎她，她的相貌如何是无关紧要的。

约翰从欧洲回国的那一天终于来到了，两人约定晚上7点在纽约市的中央车站见面。这将是两人的第一次谋面。

“你会认出我的，”梅雷尔小姐在信中写道，“我将在衣领上别一朵红色的玫瑰花。”于是那天晚上7点，约翰在中央车站寻找这位素未谋面但却已经深爱着的姑娘。

约翰·布兰查德先生是这样叙述与梅雷尔小姐的首次见面的：

我看到一个年轻的姑娘朝我走来，她的身材修长而苗条，金色的卷发别在秀气的耳朵后面；她的眼睛像蓝色的花朵一样漂亮；她的嘴唇轻闭，下颌微颔，穿着淡绿色衣裙的她带来了一股春天的气息。我开始朝她走去，完全忽视了她的衣领上并没有别着红色玫瑰花。看见我朝她走去，她的嘴角露出了浅浅的意味深长的微笑。“跟我来吗，海员？”她低语。我几乎已经无法控制自己的双脚，又向她走近了一步，然后我看见了“真正”的赫利斯·梅雷尔小姐。她就站在刚才那位姑娘的身后，大概四十多岁，一头有些灰白的头发扣在一顶旧帽子下。她的身体已经发胖了，脚踝粗粗的，蹬着一双不合适的平跟鞋。那位穿淡绿色衣裙的姑娘很快走开了。我感到自己被劈成了两半，一半强烈地想要追那绿衣姑娘；一半却深深地眷恋眼前这位中年女士，是她的精神一直陪伴着我也支撑着我。

中年女士就站在那里。她那有些苍白，有些发胖的脸看上去是温柔的、善解人意的。她灰色的眼睛闪烁着热情、凝视的光芒。我向她走去，没有犹豫。我手里紧攥着图书馆里那本小小的蓝色皮质封面的旧书。这本书是如此的珍贵，可能甚至比爱情都珍贵，因为它代表着友谊，代表着这些日子以来我一直感激、并将永远感激的友谊。

尽管在说话的时候仍因为失望而痛苦哽咽，我仍然挺直了胸膛，朝着那位女士敬了个军礼，将书递给了她并对她说：“您一定就是梅雷尔小姐吧，我是约翰·布兰查德上尉。我很高兴您能来，能邀请您共进晚餐吗？”

女士的脸上漾出了宽容的笑。“孩子，我不知道这一切是怎么回事，”她说，“刚才离开的那位绿衣服的姑娘恳求我将这朵玫瑰花别在衣服上。她还告诉我如果你邀请我共进晚餐，我就可以走了，并告诉你她在街对面的那家大餐厅等你。她说，这是某种考验。”

梅雷尔小姐的聪明不禁让人理解与佩服。面对并不美丽、并不引人注目的事物，人们做出的反应映射出一个人的真实心灵。赫赛曾经写道：“告诉我你所爱的人是什么样，我便可以告诉你，你是什么样的一个人。”

真实的高度

◆苏　一

一天，大仲马得知他的儿子小仲马寄出的稿子总是碰壁后，便对小仲马说："如果你能在寄稿时，随稿给编辑先生附上一封短信，或者只是一句话，说'我是大仲马的儿子'，或许情况就会好多了。"

小仲马固执地说："不，我不想坐在你的肩头上摘苹果，那样摘的苹果没有味道。"年轻的小仲马不但拒绝以父亲的盛名做自己事业的敲门砖，而且不露声色地给自己取了十几个其他姓氏的笔名，以避免那些编辑先生们把他和大名鼎鼎的父亲联系起来。

面对那些冷酷而无情的一张张退稿笺，小仲马没有沮丧，仍在不露声色地坚持创作自己的作品。他的长篇小说《茶花女》寄出后，终于以其绝妙的构思和精彩的文笔震撼了一位资深编辑。这位知名编辑曾和大仲马有着多年书信来往。他看到寄稿人的地址同大作家大仲马的丝毫不差，怀疑是大仲马另取的笔名，但作品的风格却和大仲马的截然不同。带着这种兴奋和疑问，他迫不及待地乘车去造访大仲马家。

令他大吃一惊的是，《茶花女》这部伟大的作品，作者竟是大仲马名不见经传的年轻儿子小仲马。"您为何不在稿子上署您的真实姓名呢？"老编辑疑惑地问小仲马。小仲马说："我只想拥有真实的高度。"

老编辑对小仲马的做法赞叹不已。

《茶花女》出版后，法国文坛书评家一致认为这部作品的价值大大超越了大仲马的代表作《基督山恩仇记》，小仲马一时声名鹊起。

纸篓里的老鼠

◆王　悦

史蒂夫·莫里斯出生在美国密歇根州的萨吉诺城，幼年随父母搬到底特律。他和班上的同学相比很“特殊”，因为他双目失明。对于一个9岁的孩子来说，“特殊”意味着被嘲笑、被冷落。小史蒂夫一度生活在重重自卑中，直到他遇见了本尼迪斯太太。

在史蒂夫的记忆中，小学老师本尼迪斯太太是颗永不消逝的启明星。她让史蒂夫发现了自己的天赋，教他勇于做个与众不同的人。本尼迪斯太太无疑是个睿智的人，她意识到光靠说教没法让9岁的顽童理解深奥的人生哲理。于是，她请来了一个“助手”。在“助手”的帮助下，女教师给史蒂夫上了一节难忘的人生课，他生命的乐章从此奏响。

故事发生在一间狭小的教室里。本尼迪斯太太正准备上课：“安静，大家坐好，打开你们的历史书……”小学生们不安分地在凳子上扭动着，多数人心不在焉，只有小史蒂夫默默无语。上堂课是体育课，孩子们刚从操场上回来，多数人还惦记着玩过的游戏，当然还有史蒂夫的洋相。

“今天天气真棒，我知道你们更愿意在外面玩游戏，”女教师脸上露出微笑，“可是如果不学习，你们就只能一辈子做游戏。”

“安妮，”老师提问，“亚伯拉罕·林肯是什么人？”

安妮局促地低下头回答道：“他……他有大胡子。”教室里爆发出一阵笑声。

“史蒂夫，你来回答这个问题。”本尼迪斯太太说。

“林肯先生是美国第16任总统。”史蒂夫的回答清晰准确，毫不犹豫。他一向是个优等生，但学习好无法减轻史蒂夫的自卑感。除非意识到自己具有得天独厚的才能，否则史蒂夫将永远生活在自怨自艾中。

“回答正确。”本尼迪斯太太满意地说，“亚伯拉罕·林肯是我国第16任总统，南北战争就发生在那个时候……”话讲了一半，她突然停下来，做出倾听的样子，好像听见什么异常的动静，“是谁在发怪声？”

小学生们莫名其妙地东张西望，只有史蒂夫没动。

“我听见一个微弱的声音，是抓挠的声音，”本尼迪斯太太神秘地低语，“听起来像……像是只老鼠！”教室里顿时乱作一团，女同学尖叫起来，胆小的孩子爬上课桌。

“镇静，大家镇静，”老师大声说，“谁能帮我找到它？可怜的小老鼠一定吓坏了。”孩子们乱嚷一气，“讲台下面”、“窗帘后面”、“安妮的书桌里”……

“史蒂夫，你能帮我吗？”老师向静静坐在座位上的史蒂夫求助。

“好的。”小家伙回答，他挺了挺腰板，脸上闪着自信的光芒。“请大家保持安静！史蒂夫在工作。”本尼迪斯太太示意大家肃静，小教室里很快鸦雀无声。史蒂夫歪着头，屏息凝神，手慢慢指向墙角的废纸篓：“它在那儿，我能听到。”

一点儿没错，本尼迪斯太太果然在纸篓里找到了那只小老鼠，它正躲在废纸底下，瑟瑟发抖，结果被听觉异常敏锐的史蒂夫发现了。历史课重新开始，一切恢复原状。但史蒂夫变了，一粒自信的种子开始在这个黑人盲童的心里生根发芽，渐渐驱散了他的自卑感。每当情绪低落时，他便想起纸篓里的那只小老鼠。直到多年以后，他才知道小老鼠不是意外掉进纸篓的，而是本尼迪斯太太特地请来的“助手”。

今天，我们更熟悉史蒂夫的艺名——斯蒂维·旺德尔，他的与众不同带给我们无尽的享受。旺德尔集歌手、作曲家和演奏家于一身，摘取过22项格莱美大奖，有7张专辑打入美国流行乐金榜，获得美国音乐世纪成就奖，入选“摇滚名人殿堂”……这些都是因为曾经有只小老鼠“意外”掉进了纸篓。

自私的代价

◆邓　皓

有些文章你注定一辈子没法忘记。我做编辑时，接到过一篇来稿，读后，感动异常。这位作者名不见经传，但，我把它一字一字地抄了下来。

现在，我把这篇文章抄给你：

这是一个听来的故事。

越南战争中，一个美国士兵打完仗后回到国内，在旧金山旅馆里他辗转反侧，夜不能寐。午夜，他给家中的父母打了一个电话。

“爸爸，妈妈，我要回家了。但是我要你们帮一个忙，我要带一个朋友一起回来。”

“当然可以。”父母亲回答说。“我们见到他会很高兴的。”

“但是，有件事一定要告诉你们，他在那可恶的战争中踩响了一个地雷，受了重伤，他成了残疾人，少了一条腿和一只手。他已无处可去，我希望他能和我们住在一起。”

“我们为他感到遗憾，孩子，我们帮他另找一个地方住下，好吗？”

“不，他只能和我们住在一起。”

“孩子，你不知道，这样他会给我们造成多大的拖累，我们有我们的生活。孩子，你自己一个人回家来吧，他会有活路的。”话没说完，儿子的电话就断了。

父母在家等了许多天，未见儿子回来。一个星期后，他们接到警察局打来的电话，被告知他们的儿子坠楼自杀了。悲痛欲绝的父母飞到旧金山，在停尸房内，他们认出了他们的儿子，然而，他们惊愕地发现：他们的儿子少了一条腿、一只手。

我说过，有的文章注定让你记住一辈子，因为，它震撼我们的心灵。

总有理由看着火车开走

◆忆 君

一位心性高远的女孩要远走高飞了，四个男孩去送她。女孩知道，他们都在心底里爱着她。

火车就要启动的时候，女孩看着四个男孩欲言又止的样子，就露出一口皓齿，笑着说："你们是不是舍不得我离开啊？真舍不得我离开就跟我走呀！"四个男孩神情戚然，一时竟都没什么反应。可就在车门架快要收起的时候，其中的一位飞身跃上了火车，把女孩拥在怀里。女孩没有拒绝，她靠在男孩肩头，泪水濡湿了男孩的衣领。看着相拥在一起的男孩和女孩，站台上的三个男孩后悔已来不及了。机遇之车很快驶出了站台，就在这一愣怔、一犹豫之间，爱已经从三个男孩身边走远。

一年后，在另一个城市，在女孩和那位男孩的婚礼上，三个男孩问女孩："你是什么时候决定嫁给他的？"女孩说："在他奋不顾身地跃上火车那一刻。"女孩又问："那时候，你们怎么不跟我走呀？"我以为你在开玩笑呢，一个男孩说；我还没来得及跟单位请假呢，怎么跟你走，第二个男孩说；要我放弃这么好的工作跟你走，总得让我考虑考虑吧，第三个男孩说。

三个男孩都有各自的理由，启动的火车却不会为他们的理由而停留。火车开走了，他们就被抛在了后面。机遇就是四个男孩在心底爱着的那个女孩！要虏获她，挚爱、敏感、果决和奋不顾身，一样都不能少。

看着火车开走——人生路上，这种无奈和尴尬的机遇越少越好。

其实，不只是爱情，生命中一生的失去或得到，在火车启动的那一瞬间就已经注定。

第三辑
指尖流过的沧桑

守望爱情的野百合

◆郁　离

对他来说，这只是一次课间游戏，但对她来说，这是对她人生的宣判。她渴望一次恋爱成功的爱情。

在那座以美女众多著名的大学里，她实在是太不起眼了：她有两道浓黑的眉和一双深凹下去的眼睛，而且齐肩的直发使她棱角分明的脸显得生硬，更别谈女孩子的柔弱和妩媚。由于她经常向室友们谈到她家乡的野百合如何美丽，同学们干脆就叫她野百合，她也笑眯眯地接受了。

她来自贵州，普通话说得不标准，总让听者摸不着头脑，所以，她不爱讲话，常常微笑着听别人讲，必须表态时也只是摇摇头或点点头。同寝室的女友笑她："像你这样的人怎么谈恋爱哟。"

可她却无可救药地恋爱了，而且是爱上一个不该爱的人。

张鹏是教他们经济法的老师，比她大5岁，正在读研究生，同时代课。在她的心目中，他是最优秀的，因为他能把经济法讲得深入浅出。

她盼望着每个星期五，因为这天有张鹏的课。她觉得男人戴眼镜特别好看，因为张鹏是近视眼。

有时，在课堂上，她痴痴地看着张鹏，心里暗暗地说，我要是他的女朋友，决不会让他穿着这种带有油污的衣服，我会让他干干净净、体体面面。

但她知道，张鹏有一个漂亮的女朋友，据说是他的同学，有好的家庭背景。

她时常在自己想象的世界里爱着张鹏，写了许多“情诗”，但全压在抽屉底层。唯一知道她的心事的是同寝室的小丽，小丽说：“反正张鹏又没结婚，去把他抢过来！”她的脸被这话吓白了，如同小丽让她抢银行似的。

半年过去了，她甚至连一句话都没跟张鹏说过。

一天课间，几个女生起哄，让张鹏给她们看手相，她退出了人群，她怕自己的眼睛泄露了心里的秘密。

“陈昕，让我给你看看。”也许张鹏是怕冷落了这个不太合群的女孩，主动向她招呼道。他握住她的右手，用左手指在她的右手掌上轻轻划过，她只觉得热血沸腾，脑子里一片空白，心则在剧烈跳动。张鹏说了很多，但她只记住了一句话：你的爱情线很好，你会是一次恋爱成功的。

对张鹏来说，这只是一次课间游戏，但对她来说，这则是对她人生的宣判。

她抛弃了家乡优越的工作，只身留在了北京，给一家电脑公司的法律顾问做秘书。她打电话告诉了她的决定，他只是淡淡地说，很好，不过你应该参加全国律师考试，做一名律师。

她千辛万苦地通过了律考，激动地给他打了电话，他还是淡淡地祝贺，并告诉她，他即将被单位外派到美国攻读MBA。她无权说什么，只是说：“我能在你走之前为你做什么？”他说想买一套美国口语的学习光盘，可到处买不到。

能为自己所爱的人做事，她太高兴了。她在炎热的8月，跑遍了大小软件公司，终于找到了这套光盘。

他邀请她去他家，她在他家里看到了他的女朋友琼。琼的确漂亮，苗条的身材，白净柔嫩的皮肤。她坐在客厅，看见他们亲密的言行举止，觉得自己简直就像个傻瓜。

离开那爱的小屋，她眼泪盈盈。没有什么比不能与自己心爱的人在一起更痛苦的事，但她必须守住这个秘密，她决不会去打扰他们，她懂得有一种幸福，就是看着自己爱的人幸福。

张鹏出国前，她为他买了一件浅蓝色的牛仔衬衣，她觉得完成了自己的心愿。他有所悟，但没说什么，只是，要了她的E-mail，说我等你的好消息。

没有他的日子，有什么好消息哟!

他走以后，她只在他的生日和春季给他发电子邮件。一个人静下来时，她还禁不住思念他，尽管这份思念不应该属于她。

两年了，她少了许多稚气，多了一些成熟女性的魅力。尽管有一些真心实意的追求者，但她总找不到感觉，她还不能把心从大洋彼岸收回来。

第三年的圣诞节，她在一个商务舞会上遇见了琼，琼亲热地挽着一位成熟的男人，并大方地向她介绍，说这人是她的老公。

她第一次拨通了他的国际长途，除了问候，就是沉默，最后，她终于说出了她几年来无法启齿的那几个字：“我爱你，一直，一直……”

电话那边没有回音，许久，他才说，我需要调整心情。

她理解，因为她懂得当爱情远去时的滋味。她那压抑多年的感情火花燃烧起来，每天她都要坐在电脑旁给他发电子邮件，叙述她多年的愿望和不尽的思念。她把那些尘封多年的情诗一首一首地发给他，她说，我不知道我对你的爱情是否会有回报，但我对你的话深信不疑，我一定会一次恋爱成功的。

张鹏也常常给她回信，从中她知道了他们分手的原因——张鹏坚持要学成回国，而琼坚持要出国生活。琼很怨恨张鹏，认为张鹏耽误了自己的青春，因此很快就与一个能给她出国生活条件的人结了婚。张鹏说，我不能许诺你什么，我的贫穷的老家还有老父弱弟，未来还只是一个未知数，唯一能给你的只是我执著不变的感情。

在期待中，张鹏回来了，在首都机场，她看见张鹏身上穿的正是当年她送给他的那件蓝色牛仔衬衣。张鹏从接机的人群中看见了她，放下了手中的行李，然后向她伸展开了双臂，她向他奔了过去，外界一切都不存在了，她的眼里心上唯有他。

经历了三年感情风雨的变幻，他和她都懂得了：有一种爱情就像身上穿的贴身衣服一样虽然看上去不够华美，却能让穿的人时时刻刻都倍感温暖。

谁能给我水晶鞋

◆梅　吉

美宁回国，约我见面。

合上电话的时候，我才知道自己的手颤得厉害。她回来了，是不是你也回来了呢？我们的见面竟然隔着7个年头，物是人非，是老了，旧了，也淡了。

但是，我还那么清晰地记得你，记得你琥珀色的眼睛，还有那些干净如碎汞样的时光。

阳光把空气晒得很暖

我穿着有些皱的裙子，提着行李磕磕碰碰地走在武大的校园。然后，我被自己的鞋带绊了一下，就直直地扑下去。我狼狈的样子惹得路人都笑了，只有你停了下来，帮我捡一地的行李。

那一刻，我突然觉得我的青春是从这个时候才开始的，其实那天的天空很阴，可我总觉得那么多的阳光，把空气晒得暖暖的。

我们会在食堂碰到，我本来在你前面的，可我跑到了你后面那一列，这样我可以多看你一会儿。我还记得那一天，因为慌乱我把“二两”米饭说成了“二斤”，打饭的师傅像看怪物一样地看着我。

我们亦会在图书馆遇见，我在你的左边，或在你的右边，我会拿起你刚刚翻过的书，因为那上面还留着你的温度。你看书的时候很专心，从来不会抬头四下里张望。其实，只要你抬头，看一眼，就一眼，你就能看见我望着你。

有次听到你的同学喊你的名字，许文安。许文安，许文安，你的名字这么干净，像一株竹，翠绿挺拔。我总在心里念，绕来绕去，如丝茧裹得结实。

是大一，同学们纷纷加入社团，美宁问我想学什么，她一口气报了舞蹈、话剧、吉他几个社团。她拿来一沓的宣传资料，然后我在众多的资料里一眼就看到了你的名字，原来你是摄影社的社长。我哆嗦地拿着这张纸说，摄影，学摄影。

你是王子，但我不是灰姑娘

美宁第一次见你，是在我们去外景拍摄的时候，你跟我们说焦距，然后美宁就拍在我的肩膀上。她说，钟夕，原来你喜欢摄影呀！

虽然她在跟我说话，可她的目光始终落在你的身上。我那么敏感，一下就察觉出了。本来要去上舞蹈课的美宁就临时决定听你的课，她穿着宝蓝色的裙，高高扎起的马尾辫在我的面前晃呀晃，晃得我心里难受。

美宁和你谈得很好，到结束的时候，她已经和你谈好，做你下一个片子的女主角。我真的很嫉妒美宁，嫉妒她的张扬、活泼和成熟。

我的性格是阴郁了些，即使很想和你说话，也总会选择站在所有人的背后，透过那些逼仄的空隙，望向你。

你如王子一样美好，而我，不会是穿上水晶鞋的灰姑娘。

那么近，那么远。

新年舞会，美宁拽着我去。那样的场合，根本不适合我，美宁在镜子前，扭来扭去地挑着衣服。她身姿摇曳，像个女妖。

我握着笔，然后看见本子上大片的墨迹，有眼泪漫染下去。

我到底还是去了，也许是想看看你，想在零点钟声响起的时候，与你一起度过。人很多，你看见我们的时候，很欢喜。你挤开人群向我们走来，而我，被人群推来推去，只是那么近的距离，可怎么到你的身边就那么难呢?

你说去跳舞，伸出手来。我不确定你的手是伸向我，还是美宁，但我还来不及迟疑，美宁的手，就握住了你的手。

那个舞会，我再也没有走近过你。因为你一直在和美宁跳舞，你们配合得那么默契，那么妥帖，你们的笑容，在月色下，熠熠生辉。而我，只是黯然地望着你们。

美宁跑来加入我们的社团，心照不宣地，所有人都知道是为了你。她对你那么直接，她用你用过的杯子和毛巾，她在你的身边叽里咕噜地说话，轻快而热烈。我总是犯错，我学得很慢，我把片子剪得乱七八糟，把音响合成弄得古里古怪……连美宁都说我笨，可是你却耐心地告诉我，该怎样，怎样。

我这样笨拙的人，只能用这样笨拙的方式，让你和我说话，只是说话。

药在我的嘴里，很甜

为了考研，你在学校外面租了房子。我总是趁你不在家的时候，去你家。钥匙被你放在花台下，我见过好几次你放那里，后来你去上课的时候，我就偷拿了出来。

每次去，你的房间都乱着，好几次我差点被你撞上。我听见了你的脚步声，你的脚步声我一下就能分辨出来，我赶紧躲到了阳台，然后慌不择路跳到隔壁的阳台。

有一次我还听见了敲门声，我吓得不敢出声。翻过阳台去的时候，我看见了美宁，你正好回来，遇到她。我听见你问美宁是不是她在帮你收拾房间，美宁没有承认，也没有否认。而我想，就让这个误会，继续误会吧。

后来你病了，是因为熬夜肺结核发作了，美宁说这个病要养。我就为你熬药，那些药是我去找医生开的。三碗水熬成一碗，盛出来的时候，我会小小地喝一口，药很苦，但在我嘴里，都是甜。我在想，这碗药里有我的味道了。

我拜托你隔壁房间的男生，让他替我送药给你，但不许告诉你我是谁。因为总是翻到他家的阳台，所以我和他竟然熟悉了起来。他帮我送药，再后来，我翻到他家的时候，他会在阳台上放一个板凳给我。他是一个好人。

汹涌的难过，我呼喊不出

因为生病，你研究生考试落榜了。那个时候你面对的是两条路，要么工作，要么出国。你想要继续深造，但如果再复习一年考研，不确定性也很大，因此只有出国了。

宾州州立大学给你发了入学通知。那天你请我们吃饭，这是很开心的一件事，但好几个人哭了。我们突然就看到了分离，原来分离是这样措手不及的一件事。美宁喝了很多的酒，她的眼泪蹭到了你的衣服上，她捧起你的脸，吧嗒吧嗒地亲了过去。

所有人都在欢呼，拍手，尖叫。

我的难过，很汹涌。

我从来没有想过得到你，真的。我的爱很卑微，卑微到尘埃里，也开不出一朵花来。我知道你的世界很宽广，知道你的人生很开阔，知道我不是适合你的伴侣，我知道，我通通都知道，可我的心，却灰暗极了。

青草的气息，那么繁盛

去图书馆的路上，突然下起了雨。四下里，大家都纷乱地跑了起来，找着避雨的地方。我手足无措地站在雨里，迷雾茫茫的雨中，我看见你朝我奔了过来。

你的步伐那么稳，那么快。

你脱下外套遮到我的头顶，我的头顶就晴朗一片了。你说，钟夕你去哪儿？

我跟你说，我要去图书馆。你说你正好要去那里。

你走得很慢，好像生怕走快了，我就会摔倒。

那是我们最接近的一次，你的身上有青草的气息，你的笑容盛开得如太阳花。我觉得幸福，很幸福，这样的幸福，让我的欢喜喘不过气来。可是幸福很短。只是从二教到图书馆的距离。

你走后，我还在这个学校待了一年。你比我们高一届，我再也没有去过摄影社团，我真的对摄影没有喜好。

还有一件事，我没有告诉你。有一天，我经过二教时，看见管理员那里放着一把伞。天堂伞，浅蓝的，我一眼就认出了，那是你的伞，伞骨架那里的一枚杆有些滑，我用一根红绳绑住了。我对管理员说，我认得伞的主人，我可以还。

管理员嘟囔了一句，那个男孩真是奇怪，明明带着伞，却把伞留在这里，一头冲进了雨里。

那一天，我就站在那里，站在窗户的下面，茫然地淋在雨里。

有时拥有，有时放手

你到宾州后，给我写了一封信。你说原来宾州大学有这么多的松鼠和野兔，它们还不怕人，可好玩儿了。你在信的最后一句对我说，这里的天气很适合你，我会给你寄申请表。

我在夜里哭了许久，眼泪湿来湿去，像不停的雨。

我给你回信，我说，我不去了，我男朋友说他会让我养一只松鼠。

后来，我们就没有音讯。两年后，美宁去了宾州。她在校友录上发照片，你们的结婚照。你们真的很般配。

校友录上总会有你的消息，因为美宁会在上面发消息。你们有了个儿子，你们开了一家公司，夫唱妇随。

我渐渐地不再那么想你了，不再因你而心痛了。

朝阳说等我们有钱了，就带我去美国旅游。朝阳就是那个曾经住你隔壁的男孩，他知道我对你所有的感情，可他说，他爱我。

他爱我平凡的脸，爱我忧郁的性格，还爱我，有些跛的右腿。我的右腿，你是知道的，比左腿短了一寸，所以我总是会摔倒。没有遇见你之前，我已经习惯了我的命运，习惯了这样残缺的自己，是遇到你之后，我开始责怪，责怪自己的身体，责怪自己少了一寸的腿。

我知道我的步子太慢了，我只能缓慢地走，轻轻地走，而你的世界是需要跑的，我不想要牵绊你，不想你为了迁就我的步子而慢下来，所以你走，我不留。

我知道有时候爱是拥有，但有时候，爱就是放手。我们只能，隔着大海，静默以对。

送往天堂的爱

◆草　草

他就那样轻轻地走了，带走了我所有的回忆，所有的思想。

认识梓涵是在一个飘雪的冬季，总是刮着刺骨的寒风，阴冷阴冷的，天空被黑漆漆的云遮蔽着，让人感觉到了世界末日临近时的压抑。可是，梓涵的出现却让这个冬季变得阳光灿烂。

和梓涵在一起，我总是很快乐，尽管，心里积聚着很厚的悲伤。不得不承认，我喜欢上了梓涵，可是，我有缺陷啊。12岁时，在一次意外中，我右臂严重骨折，虽然后来保住了，却落下了永远的残疾。也正是因为这点，原本性格开朗的我一下子变得对人生彻底绝望了。虽然梓涵的出现让我的世界又有了希望，但是我右臂的残疾的的确确是永远都改变不了的事实。为了让自己打消对梓涵的希望，我选择了逃避，这样，心狠狠地痛给我看了。

让我万不能想到的是梓涵向我表白了，意外惊喜固然不小，但是，理智最终还是让我清醒过来——不能拖累梓涵！于是，我坚决地拒绝了梓涵。虽然梓涵受伤的眼神让我难过得要死。

可是，梓涵，他是个倔强的人，为了让我回心转意，他天天守在我家门口，风雨无阻。隐患也就是在这个时候埋下，在一场暴风雨过后的第二天，梓涵没有来，我以为他终于明白了我的良苦用心。

一个星期以后，我和梓涵共同的好朋友志达告诉我说梓涵病了，因为暴风雨那天在雨中站得太久了，现在一直高烧不退。我于是急急忙忙地穿上衣服，和志达一起来到梓涵家。刚一进梓涵的房间就看到梓涵虚弱的躺在床上，脸色苍白得毫无血色，嘴唇干裂得往外渗血。梓涵，看到我脸上绽放了让人心痛的笑容。我可怜的梓涵啊，你为什么这么傻啊，为了我，你值得么？！我再也克制不住自己强烈的感情，扑到了梓涵的身上。

也许就真的像一些矫情的电视剧里说的那样，爱情的力量是伟大的，梓涵的病很快就好了。

做了梓涵的女朋友以后，我又变回了以前开朗的那个自己。梓涵每天都带我上街，踩雪，听雪，这个寒冷的冬季也正是因为有了梓涵，变得温暖如春。

天有不测风云，一天，我和梓涵正在街上散步，梓涵突然晕倒……

“什么！！！你说什么！！！！你再胡说八道！我就让你死得难看。”正要上前和医生拼命，志达急忙过来拉住我，看到志达那张亲切的脸，我一下子垮了，泪拼命地往外流，似乎想吞没整个的我。“志达，志达，你快点去教训教训这个口无遮拦，胡说八道的庸医，他说梓涵得了脑癌啊，怎么……怎么可能啊，梓涵一直都很健康啊，快……快……快去把他的嘴给堵住，不能让他胡说，会吓坏梓涵的……志达啊，志达，你快说啊，怎么办，他说梓涵只能活一个月了，梓涵要死了……梓涵……梓涵……”眼前突然一片空白……

醒来是看到了梓涵那张可爱的笑脸，我立即坐起来抱住梓涵，生怕，他会突然消失。梓涵抚摩着我的头，安慰我说：“傻丫头，别相信那大夫的话，他是骗你的，啊。”我用力地点了点头，泪却已不知不觉浸透梓涵衣服一大片。

两天后，梓涵申请出院。梓涵因为放心不下我独自回家，就像往常一样送我回家。虽然我知道，现在的梓涵和往常的梓涵不一样了，但是我还是自私的答应了。到了家门口，梓涵紧紧地抱住了我，就像那天我清醒后抱他那样，梓涵狠狠地亲了亲我的额头，仿佛是在告别，然后突然转身跑走。我先是愣愣的，然后突然明白了什么，跑去追梓涵，可是，可是梓涵他跑得好快的。

接下来这几天，梓涵像我意料中一样没来找我，我知道，他不会再回来了。又过了几天，我收到了一封简短的邮件：

亲爱的小游，实在舍不得离开你，可是，你该知道，我身不由己啊，我走了，以后别再自卑了，做以前的自己，我好喜欢你的笑容，像个暖融融的大太阳照在身上。我在天堂看你永远不败的笑容。

梓涵

我笑了，泪水流进咧开的嘴里，是咸的。

与生命相比，所有的表演都须退让

◆石敬涛

7名高中生因车祸遇难，作为全人类共同盛会的残奥会竟然因此取消闭幕式的文艺演出，以表示对遇难者的悼念。对此，大多数人对组委会的做法表示理解和敬佩。正像一位网友所说：“与生命相比，所有的表演都须退让！”

但在这主流认同声音以外，也有一些人对残奥会组委会此举表示困惑：雅典为了7个高中生遇难而取消残奥会闭幕式的文艺演出，是不是有点小题大做？

那7个高中生是在前往观看残奥会比赛的途中遭遇不幸的，是在追求崇高的残奥精神的路途中离去的。在那一天，所有的运动员甚至世界上所有得知这一噩耗的人，都会为那7个孩子遭遇的不幸感到悲伤。所有的运动员、演员（包括我国残疾人艺术团的《千手观音》演出人员），尤其是那些男孩子的家长，都不会再有心思表演和观看。残奥会也因此蒙上了一些悲伤、阴郁的色彩。

此时此刻，也许没有比取消文艺演出更能体现所有演员的伟大的人道主义精神的了，没有比取消文艺演出更能体现全人类对于人类自身、对于人类生命的敬畏和尊重之情的了。这种因取消属于全人类、全世界的残奥会闭幕式文艺演出而彰显出的对生命的敬畏和尊重，是一种无法用其他任何东西替代和超越的神圣之感，是一种尊重生命的文化信仰。

目前，我国正处于交通事故的高发期，每年因交通事故死亡的人数接近十万人，并且还以年均10%的速度递增。每天都有车祸，民众都有点麻木。

所以，在民众对取消闭幕式文艺演出表示困惑和不解中所流露出的，恰恰是尊重生命意识的淡薄，是使尊重生命意识成为文化信仰的缺乏。应该看到，尊重生命意识的缺乏，是一种肉眼看不到的“隐性暴力”。这种看不见的暴力将会极大地破坏和“感染”社会成员的心态，是人们在对待生命的问题容易形成麻木、冷漠等心理特征，并成为一种导游倾向性的社会行为和价值准则。这一点还没有引起足够的重视。

“与生命相比，所有的表演都须退让！”残奥会这种尊重和关爱生命的意识，不仅是人类生存必需的意识，更体现了奥运精神的真谛，体现了人类自身的觉醒和追求公正、和平、爱心、和谐生活的愿望，是人类文明的终极意义所在。从这一点来看，残奥会组委会确实给我们上了一堂很好的尊重生命意识课。

雨荷

◆张晓风

有一次，雨中走过荷池，一塘的绿云绵延，独有一朵半开的红莲挺立其间。

我一时为之惊愕驻足，那样似开不开、欲语不语、将红未红、待香未香的一株红莲！

漫天的雨纷然又漠然，广不可及的灰色中竟也有这样一株红莲！像一堆即将燃起的火，像一罐立刻要倾泼的颜色！我立在池畔虽不欲捞月，也几曾失足。

生命不也如一场雨吗？你曾经无知地在其间雀跃，你曾经痴迷地在其间沉吟——但更多的时候你得忍受那些寒冷和潮湿，那些无奈与寂寥，并且以对晴日的幻想度日。

可是，看那株红莲，在雨中怎样的唯我而不忘我。当没有阳光的时候，它自己便是阳光！当没有欢乐的时候，它自己便是欢乐！一株花里有怎样完美自足的世界！

一池的绿，一池无声的歌，在乡间不惹眼的路边——岂只有哲学书中才有真理？岂只有研究院中才有答案？一笔简单的雨荷可绘出多少形象之外的美德，一片亭亭青叶支撑了多少世纪的傲骨！

倘有荷在池，倘有荷在心，则长长的雨季何患？

早上和晚上

◆[美]玛格丽·霍斯尔　荣素礼 译

从哥伦比亚师范大学毕业后，我总算考到了纽约市的教师执照。终于可以当老师了，我心里那份激动和兴奋就别提了。但是第一天上班，我才发现新教员没有固定的班级和课程。我必须从代课老师干起，每天从一个教室跑到另一个教室，替缺席的老师上课。

虽然我的教师执照上清楚地写着：高年级法语教学资格，但学校让我代的课五花八门，从一年级手工课到五年级数学课应有尽有，就差体育课了(教体育课需要特殊的体育教育资格证书)。更糟糕的是，从师范学校学来的理论一点儿也不实用，我完全不知道该怎么跟各个年龄段的学生相处，出了问题怎么解决。同事们很友好，但他们也有自己的工作，不能帮我处理所有的难题。我的神经整天高度紧张，每天累得半死，工作却没有丝毫进展，就连学生们也不买我的账。

放春假时，我像获了大赦的死囚，连夜逃回马萨诸塞州的父母家。我需要放松，另外也很想听听父亲的建议。从小到大，每次遇到难题解不了，父亲总能帮我理清思路。

刚到家门，我就把一肚子苦水都倒出来。“我现在每天都觉得筋疲力尽，每分钟都在担心。”我对爸爸说，“我的梦想已经变成了噩梦。以前一直想当老师，现在才发现自己是个十足的失败者。”

父亲慈爱地看着我，耐心地等我说完才问：“一天里，你什么时候觉得最糟？是早上到学校的时候，还是晚上下班以后？”

“工作也是一个学习的过程，你现在刚开始，当然不会那么得心应手。坚持下去，你会成功的。什么时候你觉得早上起来比晚上更累更糟，那就不妙了。如果有那么一天，我劝你赶紧换工作。”

春假后，我回到学校继续工作。记忆中那一年特别辛苦，下班后往往难过得想大哭一场，但第二天早上我总能打起精神，迎接新一天的挑战。第二年的情形就好多了，我有了自己固定的班级，学生们对我的态度也开始慢慢地转变。爸爸说的一点儿没错，我冲过了最初的瓶颈。35年后的今天，我仍然在同一所学校里工作，而且是一校之长。

很多年以来，当年轻朋友为事业而彷徨，问我该如何选择的时候，我都会问他们同一个问题：“什么时候感觉更糟，早上还是晚上？”那些回答“晚上感觉更糟”的人最终都事业有成。而那些说“早晨感觉更糟”的人要么已经换了工作，要么事业平庸，而且感觉越来越糟。

指尖流过的沧桑

◆程应峰

都说莫扎特的曲谱，是“上帝借他之手”谱就的，在你用心感受它、触摸它的时候，心灵的震颤，刹那就滑过了指尖，将你带入无穷尽的遐想之中，让你看见时光的叶片，在风雨飘摇中，一刻不停地演绎岁月深处的沧桑。莫扎特的音乐细节，就是生活的细节，它有如一棵花树、一段红墙、一角蓝天，让你的心灵刹那触摸到生活的脉络，感受雨的灵性、风的清和、叶的色泽、土地的凝重。当它一次又一次以水的方式流过你的耳际，对生活，对人生，你总能产生新的顿悟。

天才的莫扎特，那个在旁人眼里年少轻狂的莫扎特，在指挥台上激情飞扬，钢琴之前热情澎湃，乐谱纸上灵感横溢，几乎不费吹灰之力就取得他人永难企及的成就。有人说，莫扎特的音乐，是眼泪中的微笑，是枪炮丛中的玫瑰，大抵是欢快多于悲愁，清明胜于斗争的。傅雷先生也曾说，歌德经过了六十年的苦思冥索，经过了狂飙运动和骚动的青年时期而后获得清明恬静的境界；莫扎特却是自然而然的，不需要作任何主观的努力，就达到了拉斐尔的境界，以及古希腊的雕塑家斐狄阿斯的境界。

然而，王公贵族，除了把他的音乐当作偶尔的娱乐，没有谁真正听得出他音乐里的欢喜或悲愁，更没有谁赏识珍爱他的天才。甚至他那崇拜他的妻子，对于他的被他自己的音乐灼烧着的心也不能明白多少。如此种种，他晚景怎能不寂寞，怎能不凄凉？好在，有一个萨列里。

萨列里，唯一一个理解莫扎特音乐，唯一一个珍惜莫扎特才华的人。他自己耗尽才智去接近音乐，去寻求恢宏绚丽的音乐乐章，却了无进展。而莫扎特，在他面前一出现，出手之间，就是他追寻已久梦寐以求的华丽乐章。从那一刻起，他觉得上天不公，于是下意识地嫉妒陷害这个毫无心机的天才同行，阻挠他在宫廷的发展。然而，音乐，终归是萨列里与莫扎特共同的灵魂，萨列里的另一面，是不忍心让莫扎特的天才埋没，让那些美妙的音乐未出世就夭折。所以，他会在莫扎特最潦倒的时候送去钱财，在莫扎特倒在剧场时送他回家，甚至甘愿为莫扎特写下最后的生命乐章……莫扎特之所以成为独一无二的人物，一方面是因为具有天生的清明气质，另一方面也许就是残酷命运不断的摧残吧。

莫扎特与萨列里，两个为音乐而生的人，当他们的灵魂碰撞在一起的时候，音乐，在生活指尖流过的，一面是沧桑，另一面是震撼。

治不好的失眠症

◆周学珍

他是我教过的一名学生。“老师，一个像你那样的年龄，过六十岁的人，偶尔有些失眠，我是理解的。”他转而对我诉苦道，“可我是经常睡不着觉啊，老婆身子弱，每月都要吃药，又下岗在家，眼看着孩子也大了，要上学了，要钱哪，还有家里的水电米油，哪一样不用钱？”

我同他一起叹息，对于他生活的窘困，我无能为力，只能岔开话题问他：“你今后的打算是什么？”他惶惑片刻，喃喃道：“我吗？我最大的愿望就是，等以后日子好过了，什么都不去想，好好睡个踏实觉，我生活中最大的敌人就是失眠。”

后来，他的情况有了转机——几年前，他破釜沉舟，扯破了面子，从亲戚朋友处借到了他能借到的所有钱，和人去买卖了一批钢材，结果是，他大赚了一笔。他再接再厉，同人合资开了一间山庄，由于新辟的旅游区得到了政府的大力宣传，他的山庄生意出奇的好，即使坐在家里什么也不干，月入几万也不是问题。他发了，成了我所有学生中事业上最为得意的人。

他又来家里看望了我。当他放下送给我爱人的名贵烟酒后，依旧愁眉不展。我问他：“现在好了吧？”他一愣，反问我：“什么好了？”“你的失眠症啊？”我笑着提醒他。“哦，一点没好。”他皱眉答道，“我吃了几种进口药，一点也不见效。”“你现在还用担心什么？”“老师你想，我每天要去考虑管账的人是不是贪污，怎样招客人过来，别人欠我的钱，还有我的投资，新车又涨价了，我想带老婆去国外旅游一趟，可就是抽不出时间……”他接着说，“我原以为，富了就什么都不愁了，殊不知，担心的事更多。”“那你还在失眠？”我问。“我总是失眠，我说过，失眠始终是我最大的敌人。”他丧着气离开。

可我觉得他用错了词汇，原先，谋生是他最大的敌人；现在，欲望才是他最大的敌人。

自由的种子

◆林　夕

这一天，辛盖像往常一样，带着春耕的种子，去自己家的稻田干活。但是路上他被人绑架，卖到了奴隶船上。锄头在搏斗中失落了，衣兜里还残存着几粒种子。

在海上漂泊了两个月，奴隶船停靠在古巴海岸，辛盖被带到奴隶市场，以450美元的价格被一位西班牙人买走，他和另外52名黑人奴隶一起踏上一艘租来的“阿姆斯达”双桅船。这是一艘专门为近海运送奴隶而建造的小型运输船，船上除了船长和两名水手，还有一个打杂的黑人，一个黑白混血的厨师。船渐渐驶离古巴海岸，辛盖不知他被带到哪儿。

辛盖忧心如焚。晚上，他利用去甲板的机会，问那位黑白混血的小厨师，他们要被带到哪儿去？小厨师想要捉弄一下眼前这个黑人。他两手比划着，做了一个切菜的动作，意思很明显，是杀头。

辛盖回到船舱，万念俱灰，对前途和生命不再抱任何希望。就在这时，他的手摸到衣兜里那几粒残存的种子，一瞬间，他想起远在非洲的妻子，3个可爱的孩子，还有等待播种的土地，心中燃起强烈的求生的欲望。他决定反抗。他告诉船上的黑人们，一到目的地，他们就被杀掉，说服大家和他一起暴动。夜里，狂风大作，暴雨雷鸣。在雷雨声的掩护下，辛盖先砸开自己的锁链，又帮着其余黑人砸开锁链，然后悄悄爬到后舱，取出货箱里的甘蔗刀，静待风暴过去。黎明时分，他们跳上甲板……

经过一个小时的血战，船长和小厨师被打死，两名水手跳海身亡，辛盖和黑人们用武力控制了船。但“阿姆斯达”这样的小型运输船，不可能去非洲。在海上漂泊了两个月，他们漂进美国海域，在纽约长岛被美国海防军吉尼中尉截获。辛盖和船上的黑人被控犯有谋杀罪、海盗罪，被带到康涅狄格州联邦地区法院受审。这就是美国历史上著名的“阿姆斯达”案。

“阿姆斯达”案历时18个月，一直打到联邦最高法院。最高法院经过审理认定：这些黑人是非洲原住民，被绑架和非法运入古巴。一个人在被非法劫持的时候，具有自卫的权利。因此他们在“阿姆斯达”上的暴动，不能被定义为谋杀或海盗。

辛盖和黑人们胜诉了！8个月后，他们踏上开往非洲的船。辛盖站在甲板上，望着渐行渐远的纽约海岸，心中无限感慨。他知道，此生再也不会踏上美国这片土地了，但美国将记住他，历史将记住他，他是人类历史上第一个被卖到奴隶船、又返回非洲的自由人。

做人的力量

◆[美]罗伯特·保尔　邓笛 译

神学院毕业后，我带着一包表示我渊博知识和良好口才的奖状证书，到一个小镇当上了神父。我精心准备着给教民们的每一次布道，我要让他们知道我简历中的辉煌记载是名副其实的。

我拥有的教学条件简陋，专职神父仅我一人，好多事情需要教民们帮忙。维拉斯就是教堂的热心人，他50多岁，身强力壮，是一个干体力活的工人。他对教堂的大小事务都特别关心，经常主动义务帮工。

一个星期一的晚上，我将维拉斯请到教堂一起商量即将举行的圣公会的筹备方案，很迟我们才分手回家。我刚跨入家门，电话就响了，是维拉斯。他回到家后，发现他的妻子倒在厨房的地上，已经死了。这天晚上他们还在一起共进晚餐的——她精神很好，并看不出有什么不适，没有想到竟然会突然去了。我得去看维拉斯，这也是我的工作。

我步行往维拉斯家走去，这不只是他家离我的住所不远，而且，我需要有时间考虑一下，到了那里，我说什么？我做什么？我对他能有什么帮助？这不同于准备一次布道，因为准备布道我有时间也有书籍可以参考。维拉斯刚刚还和我在一起谈笑风生，而现在他的妻子，他的伴侣与挚爱，也是他的孩子们的母亲，死了。虽然作为神父，在这种时候出现，是我的工作，但我真的不知道说什么好。

所以整个晚上几乎都处于这种手足无措的状态之中，我始终缄默无言。验尸的医生来了走了，尸体整容了运走了。我和维拉斯在起居室里一坐就是几个小时，默默无语，两个人谁也不说话。期间我只是例行公事般念了几句祷告词。我第一次遇到生离死别的事情，不知道该说些什么。

我回家的时候天已经亮了。我颓丧极了：一个神职人员在别人遭受失去亲人的痛苦时，竟然袖手旁观无能为力，我为此感到自责。

两年以后，我接到调令，要去另一所教堂担任神父。得知我要离开的消息后，许多教民前来与我道别。在这些人当中，我见到了维拉斯。他握住我的手，泪流满面，说；“罗伯特，没有你，那晚我肯定挺不过来。”

当然，我很快能明白他说的“那晚”指的是什么事情，但我不明白为什么那晚没有我他就“挺不过来”。那个晚上我明明是那么无用，那么无能，什么也做不了，也就是那个晚上我痛苦地认识到我的语言是多么苍白，力量是多么渺小，既不能让死者复生，又不能让生者感到慰藉。但是，对于维拉斯来说，那晚正是由于有了我，他才“挺”了过来。为什么同样的事，我们却有不同的记忆?

人的力量是有限的，因此我们可能阻止不了不幸的降临；但我们只要努力去“做人”，便能生成一种无限的力量，它能穿透心灵，润物无声，洒下一片希望的阳光。

抚摸的力量

◆张 港

有个孤儿，吃的百家饭，穿的百家衣，上学也是大家凑钱，后来孤儿成为名人，忘不了乡亲，他回家了。他最先要看望的人，是一位老奶奶。这是大家没有想到的。这位老奶奶，从来没给过孤儿一分钱、一碗饭。

更怪的是，名人又到了小学校，他抚摸孩子们的头，一个一个摸过来。校长要他讲话时，他说："当年，老奶奶就是这样摸着我的头，每天上学经过她的门口，让她一摸，我就觉得又有亲人了，我又和别人一样，对生活就有信心了。"有人不解了，难道只是摸摸头竟有这样重要？

人与人的亲近是耳鬓厮磨，是接吻拥抱，抚摸是最经常和微不足道的。然而，我们不能因其经常和微不足道就无视它的伟大。

第二次世界大战结束后，有位苏联英雄说：是因为看了一幅宣传画，自己才成为勇士的。这画上画的是：一个母亲，抚摸着两个孩子头。英雄说不出为什么，只知道一看这画就恨死德国鬼子，甚至有了非杀死他们不可的想法。母亲对孩子的抚摸，孩子接受母亲的抚摸，这是人类最基本的需要，德寇连这都破坏了，有血性的人能不愤怒吗？让常人成为勇士，这其实是抚摸的力量。

我参加过一个葬礼。入棺前，家属拿了许多相片，一张一张从死者的手上擦过。原来，这人是为了一次抚摸而死的。他瘫痪多年，总是要求保姆拿儿子的照片给他，保姆并不在意，因为照片就放在他能够看清楚的位置。一天，听到老人又喊了声“我要摸摸儿子！”之后，“咚”的一声摔下地，死了。他没能摸到照片中的儿子，带着遗憾走了。于是，家人便以这种方式，让逝者得到些安慰。

爷爷病重时，奶奶倚在旁边，一只血管暴突的手，放在另一只血管暴突的手上，他们就这样静静坐着，谁也没有声音。一次，只我一个人服侍爷爷，他突然痛苦地呻吟起来。我慌忙去喊医生。大家忙了老半天，爷爷仍是叫。奶奶回来了，两只枯老的手一触，爷爷马上安静下来。两只黑里泛青，布满斑点的乎接在一起时，美丽得让人心跳。爷爷是幸福的，因为他一直有奶奶抚摸，奶奶是幸福的，因为她一直抚摸着爷爷。

在我小时候，发烧是从来不吃药不打针的，妈妈的手抚上额头，病就轻了；妈妈的手再抚上额头，病就好了。在妈妈的怀中入睡，在妈妈的抚摸后上学，在妈妈的抚摸中长成大人。打了学校玻璃，妈妈捏我鼻子；当上班长，妈妈还是捏我鼻子；没得100分，妈妈扯我耳朵；得了100分，妈妈还是扯我耳朵。现在我明白了这全是抚摸。我本是妈妈身上的肉，妈妈一抚，我和她又连成一体了，我就不觉得我只是我自己了。

前面说的那个孤儿，因为有大家帮助，他可以不缺少食品与衣物，但是他仍然是个孤儿；只是在有人抚摸时，他才有了不再孤独的感觉，他的生活才真的阳光明媚。传教士们把抚摸当成了重要传教工具，正是利用了抚摸所具有的强大的心理暗示作用，达到了自己的传教目的。

在草原时，我一次一次被马扔下来，摔得很疼。同样是不相熟的马，可人家牧人就可以骑得好好的。我问其由，牧人说：“你不摸摸它，上去就骑，那可不得摔你？”这招果然管用，只要被抚摸过的马再骑时就老实多了，狗更是这样，狗需要的最好奖励，就是触摸它的脖子。最有意思的是猪，给猪搔肚皮，猪就爱睡觉，爱睡的猪，长得快。看来，抚摸的重要并不仅是对于人，这是所有动物的需要，是一种天性。在孤独的人群中，有一种皮肤饥饿症，这种病的病因就是缺少抚摸。

现代化生活是紧张的，这是比以往更需要安慰的时代，而现在的人恰恰忘记抚摸的重要，于是忽略了抚摸。

孩子不及格时，你应该抚摸他;妻子不顺心时，你应该抚摸她；妈妈身体不好时，应该将手给她，让母亲抚摸，也抚摸母亲。

抚摸具有伟大的力量。

伤了你的心的我伤心

◆sunday

第一次听孟庭苇用她那清纯甜美的嗓音唱这首歌时，我刚上高二。那个时候其实并不明白这首歌的意思，只是觉得很好玩，绕口令似的，便一遍一遍地跟着唱，唱多了，唱久了，似乎也能带出一点点伤感的味道来了。

小学跟L做了一年半的同学，从未感觉跟他与跟别的小男生之间有什么不同，只是唯一让我愤愤然的就是L仗着比我高出十公分的个头，常常出其不意地刮一下我的鼻子再做着鬼脸逗我开心，而我却连碰一下他的鼻子的机会都没有。

升初中时，L以半分之差未进入我们那的重点中学，于是我们便不再同校。见面的机会也随之少之又少了，儿时的所谓朋友并未有着太深的感情，何况我和L只是普通同学，儿时对朋友更是没有什么理解，同学一茬茬地换，三年的初中生活之后，我都快将L淡忘了。

不幸的是贪玩的他和更加贪玩的我同样没有考进重点高中。于是我们在同一个学校的同一个班，开始了我们的复读生活。那个曾经刮我鼻子的小男生的形象又渐渐在我的记忆中清晰起来。只不过，现在的L已经是个177cm的大男孩了，高出我也不仅仅十公分了。

不知从复读的哪一天起，我和L已经走得很近了，一起做那道难得要死的几何题，一起同病相怜地挨班主任的训，一起扛着重重的书包骑车回家，一起悲哀地大唱“昨日习题还未做，今日老师又要留，日日作业多多烦忧……”下午课外活动时，我总是坐在操场边的台阶上看L和他的铁哥们儿们一起踢球，虽然我看不太懂。L踢球的样子很火，很帅。他曾一脸郑重地对我说过：“知道吗？《少男少女》上有一句我最欣赏的话：‘迷上了足球就是迷上了力量，是男人就要踢球。’”

复读的日子在所有人的眼里都是黑暗的、恐怖的。可是L总能想出好多花样让生活变得有滋有味儿。复读时L是那种不但会玩儿而且会学的学生，每次考试L总是名列前茅。

L对我说过：“不管你下来怎么玩儿，上课一定一定要注意听讲，这样才可以事半功倍。”可是我做得并不好。有时甚至会在课上故意捣乱。有一次我使劲儿摔书以示对语文老头儿不满。回家的路上，L一直绷着脸不说话，我觉得特委屈。以后的好几天我都倔强的自己回家。而他也同样不理我。冷战了几天后，有一天上午的大课间，他递给我一封厚厚的信，深深地看了我一眼就一言不发地转身走了。我打开信，信中L说了好多，很不客气，很不留情面。L说你上课怎么可以这样不听话还耍孩子脾气，我真的不愿再看见你上课不听讲成绩下降，更不愿意看到你再次考不上高中……最后写着一行小字：“如果觉得我说的对，放学后等我一起回家……”

那时候要临近中考了，放学总是很晚回家，那时天都已经漆黑一片了。L每天晚上都送我回家，一定要看我进了家门才肯离开。有一次我晚上出来倒垃圾，忽然看到一个高高的身影抱着一个足球站了起来，原来是L。我惊讶地问：“你怎么会在这儿？”他淡淡地笑了笑说：“没什么，学累了，我就边跑边踢球的，不知怎么就到了你家门口了……”我也不知该说什么，我们就这么呆呆地站着。好一会过去了，他才轻轻地说：“回去吧，很晚了……”

我慢慢地转过身，向家走去，到门口了，我回过头，L还在抱着球呆呆地望着，我轻轻地关上了门。

黑色的中考终于过去了。L如愿以偿考上了一中。我却因病而未参加完考试。暑假中，我整天没精打采，意志消沉，觉得似乎是命运捉弄了我。是L经常在我身边陪伴我，开导我。在爸妈的奔波下，我终于进了二中，再次与L不同校。可是经常能收到L的来信，告诉我许多一中的趣事。每年的生日，L都会带给我一个惊喜，或是一个精美的镜架，或是一个叫早的小闹钟，或是一个毛茸茸的小熊。高二那年我的生日，L发着高烧，刚输完液就跑到学校来找我，我却没有在，L托同学将一个小盒子转交给我就匆匆赶回去上课了。我打开包装纸——一个透明的方盒里是一片蔚蓝的大海，海上还漂着六叶小帆，无论把它转成什么角度，帆都永远不会倒。晚上，我呆呆地望着它，好久都没有睡……

有一段时间，L经常到我们班上去上晚自习，去的时候总是带好多零食给我，但不久班上有些人，一些很无聊的人，开始私下里猜测和议论我们的关系，有的甚至说得很难听。于是一个晚自习上，我悄悄写了一张纸条给L，告诉他回家再看。L以后便不来我们班了。他写了一封信安慰我，告诉我别太在乎别人的闲言碎语，告诉我他永远是我的哥哥，告诉我要努力学习……后来没多久，又收到L的来信，信上只有寥寥数语：夕儿，做我的妹妹好吗？如果愿意就写一个大大的Y，如果不愿意就写一个小小的N。（我多希望会看到一个大大的Y。）

望着这封信，我有些不知所措，我的好朋友曾善意地告诉我L可能是在打着哥哥的幌子而……我……我几乎都要写下一个N了，可是我又害怕看到L脸上眼中浓浓的失望。我终于写了一个Y给他，尽管我很犹豫甚至有些不情愿。L回信了，信中洋溢的满是兴奋和狂喜的话语。可我看得却很不是滋味。再见L时，心中总觉得有些别扭，特别是当L关心我或逗我开心时，我便觉得更加不自在，觉得他已逾越了兄妹之情，觉得他别有企图。于是，我开始后悔那个该死的Y了。

后来的日子里，我对L越来越冷淡了，我知道我是故意的。L似乎也觉察到了这一点，开始时他总是问我是不是他做错了什么。而我，总是无言地摇摇头，有时甚至觉得他好烦。我的脸色也就越来越难看了。渐渐的，L来找我的次数越来越少了。有时在路上遇见，L总是带着一股浓浓的落寞看着我，欲言又止。最后总是轻轻地叹一口气，失望地离开。我想我也许伤了他的心了。

看着班里的闲言碎语慢慢减少，我甚至有点庆幸我的抉择，我也自然而然地认为L一定会随着岁月的流逝而不再有什么伤痛。就这样，高三紧张的生活，把每个人的头脑里的弦绷得紧紧的，我更加无暇顾及其他，甚至再也没有见过L。

高考的分数已经下来了，530，虽然还不知能考上哪，但我知道我可以过一个轻松的暑假了。暑假中L没有找过我，我并不知道他的消息。直到有一天，L的一个好朋友来我家玩，无意中提起L时，他很遗憾的说：“L只考了400多分，连大专的线都没够。”我惊呆了：怎么会？怎么会？L，怎么会！聪明的L，怎么会！……过了好一会儿，他看着我说：“你知道他为什么考这么点分吗？你知道他后来为什么一点都不学了吗？”我愣住了，头脑里一阵轰鸣，千万条思绪让我心乱如麻，他的问题像一把利剑刺到我内心最深处……他摇了摇头说：“算了，不说了……”转而又跟我说起了其他的话题，而我的脑海里却一片空白……

当我迈进河北大学的校园时，L已坐在二中的教室里复读了。我一封信都不曾写给他。与其说怕打扰他的学习，不如说是我没有勇气、没有资格去说抱歉。L所有的真诚换得的只是失望和伤痛，这在他心中将会投下多大的阴影，而自私的我又怎能靠说声抱歉来洗脱我的罪恶？

大学的生活是丰富多彩而魅力无穷的。可在这些美丽和绚烂背后，也有寂寞，也有孤独。这个时候，我就会想起以前的许多朋友，想起L，想起那首现在才明白了的孟庭苇的老歌：

三月的花都已经凋谢了

四月星星坠落你眼睛

五月的雨为你下不停

六月天空轻轻在哭泣

等到七月开始下雪我知道我

这次真的真的伤了你的心

怎么让你伤心伤了你的心，我的心好伤心

怎么让你伤心伤了你的心，我的心好伤心

……

失去的不只是戒指

◆梦琪蓝雪

他就要结婚了，她禁不住掩面而泣。只有她自己才最清楚，他一直留在她的世界里。

五年前他们就认识了，后来他要去日本留学。在他走之前的一个星期天，他们一起在解放路上散步。街头有个小女孩在卖戒指，戒指在盒子里闪着光。她一眼就看中了。他抢着付了钱，并把它戴在她的手指上。那是一枚8元钱的戒指。但她觉得那一刻神圣无比。

三月里，他走了。临别时，他对她说，明年春节他会回来看她，如果她愿意见他，就在2月14日那天，等在新建路的那棵树下。他说，别弄丢了戒指，不见不散。

秋天的时候，她失去了他送的戒指。她答应过他一直会戴着它，可是转眼之间，她就失去了戒指。她是个崇尚完美的女孩，她不能容忍任何残缺。丢了戒指后，她的心是没有变，但除此之外，什么都变了。

他果然回来了。2月14日，她爽约了。一生中最重要的约会，她却没有勇气赴约。但她忍不住，让好友去看看他。好友没见过他，回来后说，看见一个穿风衣的男孩站在树下，手里拿着一枝红玫瑰。那天晚上，她哭湿了枕巾。

第二个情人节，她一个人漫无目的地在大街上走着，傍晚的时候竟不知不觉走到了新建路。

那棵槐树下，斜斜地倚着一个男孩。她的心狂跳起来，脚也不由自主地朝那个男孩迈去。是他！她在离他一米远的地方站住了。

他把手中的玫瑰递到她面前，他说："我知道今年一定可以等到你。"她问："如果我不来呢？"他微笑着回答："那么我明年再来。"

她始终没有接过玫瑰。她转身离开时听到他在背后问："那枚戒指，你，还留着吗？""对不起，我把它丢了。"她头也不回地回答。她不敢看他的表情。

自那以后，她就再没有见过他。一转眼，几年过去了，她听到了他要结婚的消息。

那天，她在新建路走了整整一晚。但无论她怎么走，也不会再遇见他了。

"我爱你。"这句话已在她心头搁置了好几年，但她没法亲口告诉他。也许他只是偶尔地想起她，但她真的有自己的苦衷。几年前，在实习的那台车床前，她失去的不只是他送的戒指，还有整只左手。

十　年

◆易玛格格

十年以前，我认识了迪康。

那个时候，在读高中。两个人坐一张桌子，每天有十四个小时的共度时光。

无聊的时候我们就做打赌游戏，几乎什么我们都可以拿来赌。比如两个人对视，赌谁先眨眼或脸红；比如两个人对话，赌谁可以更长时间的不说你我他。

有一次，我们赌谁吃饭慢。结果我一直吃到了下午上课。高大的迪康，慢慢在我的筷起筷落之间矮了下去。从此，所有赌题都由他来出，但依然是我赢得多。

由于相处的极其愉快，在迪康的追随者眼里，关系看来就极其暧昧。

其实更多的时候我们不过是彼此合作而已——我做他秘书，他做我的保镖。

我的工作是替他收拾书包和课桌，整理全部他不喜欢科目的课堂笔记，并捎带在语文课上替他回复那些写满情话的小纸条。

他则帮我抵挡男生的邀约。

出了校门，我们一个向东，一个向西，再无瓜葛。

三年里，迪康只为我打过一次架。结果是被那个男生打得住院十四天。从此，他只和他们文斗。

我却不只一次被他的追随者们拦截在走廊或拐角，强迫回答一些幼稚的问题。我觉得对于一个女孩子而言，那是极不尊重和不公平的。我觉得我经历的是武斗。

迪康说这你怪不得别人，瞧瞧你看我的眼神，一直色眯眯的。

我不承认。近视而不愿意戴眼镜的人哪个不是如此呢。而且你也是这样看我的啊。

迪康说正因如此，她们觉得你幸运啊。她们是在嫉妒你被我色眯眯地看啊。

谁稀罕看你啊。我不屑地转过头。

迪康扭过我的脸，目光直直地射过来。

迪康说我知道你稀罕看我，一直知道。

我笑笑地躲开他，才怪。

迪康做出忧郁的样子，我好担心，有一天你会错过幸福。

我现在很幸福啊，有书读，有糖吃。

迪康说你还小，等你大了才能明白。

我侧头想想，不必长大，我也懂得幸福就是现在的欢乐时光。

七年以前，我和迪康都上了大学。

两个人在不同的城市，读不同的专业。

偶尔有书信往来，问候彼此的生活。依然会拿些事情来打赌。

我们甚至在赌被爱的时间，赌那些仰慕者什么时候会撤退。

迪康说记得当初你回复的那些纸条么？

我说记得，因为它们，练就了我的文笔。

迪康说那再练一次吧，我喜欢看你的文字。

我不知道写什么，因为这一次迪康忘记告诉我对方是谁了。

就一直欠着迪康的回信。

他的信却还在来。

迪康说他有女朋友了。认识的过程顺利而浪漫。

迪康说以后也许没有时间写信给我了，要我好好照顾自己。

我没有回复。默然的态度，和点头承认是一样的吧。

同学聚会的时候再见迪康。

我们在冬天的街边席地而坐。沉默好久都不知道说什么。

迪康说我们来赌赌过往的车辆吧。二十分钟内，如果往东的多就是我赢，反之你赢。

赢如何？输如何？我开始计数。

为对方无条件做一件事。

好。迪康，你一向少赢我。

但这次未必你赢。我们现在和天赌呢。

结果是我赢。可我不知道要他做什么。

迪康说君子承诺是百年，你随时可以让我为你做任何事。

四年以前，我遇上迪安。

他有一张和迪康酷似的脸。

问及姓名，知道这是宿命。

我无力抗拒迪安对我的好，只能接受。感觉里这是迪康还我的赌债。

和迪安在一起，我从来不打赌。哪怕只是赌赌谁该洗碗。

迪安说安静的我像一只入梦的猫。

迪安说你该表达你的欲望，知道么？不然你会错过你最想要的东西。

我想起了迪康的话，摇摇头。

我宁愿为迪安洗更多只袜子，也不愿想一次这样虚缈的问题。我只是个居家的女子，生活于我，是无解的方程式。

只因为我喜欢看迪安为我挑鱼刺时的专注，喜欢听他唤我吃药时的温柔，喜欢感觉他呼在我脖子上的鼻息，甚至喜欢他生气时的表情。我决定和他在一起。

守着有迪安的家，我已足够，足够的幸福。

至于迪康，我已越来越少地想到他。

在另外城市里的他，也该有我这样的幸福吧。

我想告诉他，我并没有错过幸福。

三年以前，我与迪康重逢。

在我和迪安的订婚宴上。

迪安说你们是同学，应该叙叙旧。

看着我和迪安的合影，迪康问我幸福了么。

迪康说我欠你的赌债，想不到是由迪安来还。

迪康说他一直等我的信，可总是没有。等待中他以酒来解寂寞，却也因为酒而犯了错误。

迪康说他不能丢下那个女孩，所以不再联络我。希望我原谅他。

我拭去他的泪水。和迪安在一起，我很幸福。

迪康一个人在这里呆了很久才离去。

我奇怪那个女孩竟不打一个电话过来。

他们的感情一定不好。我这样猜测。

迪安说你爱我么?

当然。

迪安说那个女孩死了，白血病。迪康回来是为了你。但你已经和我在一起了。现在你还能说你爱我么?

为什么要瞒着我呢?你们对我到底隐瞒了多少?

迪安说迪康认识你的时候我就一直在你身边了，可惜你的目光从来没有看过我，连掠过也没有。

迪安说如果迪康可以给你幸福，我就不会出现；但他不能了，所以我就站出来了。

迪安说迪康那晚的赌注其实是想要我等他，因为他知道那女孩不会活太久了，但他输了。

迪安说和迪康已经商量过了，我来照顾你一辈子，替他还那笔赌债。

迪安说我们不告诉你是因为想要你永远的幸福着。事实对你是伤害。

迪安说你现在可以选择你想要的幸福，我或者迪康，都会接受的。

十年过去了，我一个人生活。

听说迪康回来了。

听说迪安结婚了。

听说迪康得了子。

我带着这些消息在城市里逡行。

一幕幕往事随风飞舞，像飘摇在水里的旧照片，泛黄而模糊。所有的感觉都定格在过去的时光里，此刻的声音是沉默的。

曾经的校园和那晚坐过的街边，住过我、迪安还有迪康的小屋都已经不在。

与岁月擦肩，我不知道错过的是不是就叫幸福。

十年，其实也不过是弹指。

我心里这样想。

第四辑
最美好的时刻

是谁打碎了我的花瓶

◆佚　名

2002年一个夏夜，我和冰儿为了捍卫自己的爱情，踏上了由河北邢台开往石家庄的列车。冰儿是个乖巧的女孩，在邢台市文联组织的一次笔会上，作为文学爱好者的我们不约而同地从一个小县城应邀参加。我和她谈得很投机，秀美的山水留下了我们快乐的笑声。不久，我和冰儿便相爱了。

在冰儿母亲生日的那天，冰儿满怀信心地把我和我那本薄薄的诗集作为一件别出心裁的“礼物”，呈现在她父母面前。可是，她身居政府要职的母亲得知我的父母仍在农村务农，而我还没找到一份固定工作时，她顿时面露愠色，用嘲讽的口吻质问我：“就凭你怎么养活冰儿，简直是胡闹！”我的自尊一瞬间被她凌厉的言辞鞭挞得无处藏身，一时冲动夺门而出……让我感动的是，一路流着泪追上来的冰儿并没有离开我，她依偎在我怀里啜泣着说，谁也别想拆开我们。于是，我和冰儿决定私奔，相拥着来到了石家庄。

虽然身上的钱不到500块，但我们仍像逃出笼子的小鸟一样，感到轻松和自由。冰儿陪我跑了几家报社，还找了一些私营店，却没想到竟四处碰壁。那个黄昏，夕阳在高耸的楼群里沉落，我和冰儿伫立在桥头，凝望着街上来往的人流，茫然不知所措。但我很清楚，既然做出了这样的选择，就必须承担这份责任，我尤其不能看见冰儿水一样的眼神里流露出无助的忧伤。我紧紧拥着她单薄的肩说：放心，面包会有的，一切都会好起来的……

走投无路下，我领着冰儿几经周折找到了在石家庄一家小饭馆里当厨师的表哥。表哥听了我们的遭遇后，劝我们不要感情用事，还是赶紧回家，在外面混不是那么容易的。“不管怎样，我们不能就这样回去！”我坚持道。表哥说，就算不马上回去，也该给家里打个电话，总不能让家人牵挂啊。听到这儿，冰儿把脸转向了窗外，我知道她正努力地噙住就要淌下来的眼泪。

在表哥的帮助下，我们在东三教附近租了间平房，虽然低矮潮湿，但总算是安顿下来了。表哥对我说，你要是不怕吃苦，可以到南三条批发市场去蹬三轮车，勤快的话每月挣个千八百的不成问题。我听了很高兴，在打扫出来的那间租来的小屋里，我对冰儿说：放心，我能养活你。冰儿仰起脸浅浅地笑了。小屋经过冰儿悉心地拾掇，变得很温馨。一块鲜艳的花布做了窗帘，桌子上一个大花瓶里插着几束醒目的塑料花，整间小屋顿时有了生气。

南三条批发市场商贾云集，同时也养活着数以千计的三轮车夫，加入到他们的行列，我才真切地感受到挣几个钱是多么不容易。从胜南汽车站到南三条批发市场三四公里的路程，跑一趟仅仅能挣到两三块钱。我像当地的车夫一样，一条短裤，一件背心，外加搭在肩上的一条毛巾，开始了在一条条坑坑洼洼的柏油路上的颠簸。从早晨四五点钟一直蹬到深夜，我的衣服湿了干，干了又湿，擦汗的毛巾都能拧出水来。所有这些，我都能忍受，因为有心爱的恋人在小屋里等着我的归来。

第一天我挣了20块钱，这是一种怎样的欣慰啊！我花了10元钱买了一枚普通的不锈钢戒指，郑重地把它戴在冰儿纤细的手指上。我说，冰儿，我们会一天天好起来的，总有一天我会用一枚钻戒来娶你。冰儿柔情似水地望着我，说我也找个事做吧。我坚决拒绝了，因为我不能让冰儿受一点点苦，我要向她的父母证明，自己可以养活她，可以给她幸福的生活。

日子就这样过去了。生活渐渐变得平淡，浪漫的激情似乎一天天消退。我每天早出晚归，抢着揽活，拼命蹬车，往往一天下来，累得浑身像散了架，回家后与冰儿说不上几句话就倒在床上睡着了。不知何时，冰儿开始变得郁郁寡欢，常常一个人坐着发呆。可能是陪她的时间太少了吧，我想，可我又有什么办法呢?

天冷了，冬天来了。对我来说，冬天和夏天一样让人难以忍受。一双老头靴，一顶绒帽，一件绿军袄，这就是我的全副行头，有时站在镜子前看见自己的模样我都禁不住一声苦笑。拼命蹬车的时候，被汗湿透的内衣紧紧贴在身上，而泊在街头没活可干的时候，它又变得冰冷。为了多拉几个散客，我往往要很晚才能回到小屋。我曾劝过冰儿不要等我，可她每天仍然坚持守着炉火等我。有一次，我从车站接货送往南三条市场，一直拉到半夜，待我回到小屋的时候，却发现冰儿因煤气中毒而不省人事。待冰儿在医院里终于苏醒过来时，我们禁不住抱头痛哭……

在这样艰难的日子里，我心里一直悄悄地怀着一种期盼，那就是攒足了钱，亲自把一枚钻戒戴在冰儿的手上，让我们可以风风光光地回家。

春天快到的时候，我的愿望也终于要实现了。那天，我为自己放了半天假，跑了几家首饰店，为冰儿挑选了一枚漂亮的钻戒，一路上我想象着冰儿戴上它时的惊喜。但当我打开门的时候，眼前的一切却让我惊呆了：桌上的花瓶碎了，瓷片散落了一地，散落在地上的还有一枚枚 1 角、5 角的硬币……

冰儿不知去向，桌子上只留下一封信，我用颤抖的双手启开写着熟悉字体的信封：

请原谅我的不辞而别吧。从那个难忘的夏夜出发，抵达这个隆冬的季节，似乎已经完成了一个轮回。以这样的方式作为结束，也许是我们最好的选择。

每天你风里雨里地奔波，早出晚归地拼命，而我则在寂寞和忧伤里苦苦等待着你的归来。每当看到你疲惫不堪强作笑颜的样子，我就在问自己，这就是我们不顾一切为之苦苦追寻的爱情吗？

有件事，我没有告诉你。其实，每当你外出蹬车时，我也换身旧衣服出门开始自己的“工作”——在外面捡废易拉罐、饮料瓶——这样每天能换回几枚硬币。我把每天挣来的硬币都投进桌上的花瓶里，每投一枚，我都会为我们的幸福默默祈祷。我心中有一个愿望，希望当攒够1000枚的时候，我们就可以如愿以偿，可以回家过上幸福生活。从夏天到秋天，从秋天到冬天，这个花瓶一直是我心里的支撑。还差13枚就够了，可是我却失手打碎了它。随着那砰的一声，同时破碎的还有我的心，那是我对我们爱的全部积蓄啊！

就在那一刹那，我终于崩溃了。或许这就是缘吧，当尽的时候我们无力去阻止。我走了，不要再找我，我会刻骨铭心地记住这段日子……

我的泪一滴滴地落在地上的碎瓷片上，落在闪着银色光泽的钻戒上，我抽搐的心疼痛不止：谁能告诉我，是谁打碎了我们的花瓶？

小理想

◆陈绍龙

她的丈夫患肝癌溘然辞世；她患乳腺癌终生带瘤生活。她的女儿肾功能衰竭，自己把一只肾捐给了女儿。这样的家庭岂止是不幸。

问及她为女儿捐肾，她很淡然，稀松平常的样子。全家人都愿意呀，都去验了血型，碰巧我符合。这不是什么牺牲，很自然就是这样。

她当然没有被生活击垮，相反，她积极面对生活，成为香港政界的铁娘子。

她就是香港特别行政区立法会主席范徐丽泰。

这样的风云人物一定是自小就有了自己的宏图大志。记者问她的过去的最大理想时，她的回答叫我颇感意外。

她说，她最大理想是做一名大巴车司机。一路开着车，听着音乐，一车欢乐一车笑，阳光照在窗玻璃上，流动的风景从面前闪过……

种豆得瓜，她一点也没有轻视自己小理想的意思。现如今，虽说公务缠身，她仍没有忘记自己的小理想，范徐丽泰会在闲暇时独自开着车从香港到深圳，再到珠海。沉浸在这样的小理想的生活中，范徐丽泰很真实，也很快乐。

在电视上看到的。一档感动年度人物中，有一个小伙子，是打工仔，在众人的围观中，三次下水到汹涌的海水中救人。事迹本身已经感人。发奖现场，主持人问他最大的理想是什么？

小伙子有点木讷，稍一愣神有工做，做好工。

小伙子是个木匠。

几秒钟的停顿，全场观众为小伙子的小理想报以热烈的掌声。

我们要有远大理想没有错。理想大了，远了之后有时有点空，像云，会飘；像雾，会散。有多少人真的会把少小时立下的远大理想埋在心中，并为之一生穷追不舍的呢，我猜很少。

小时候听到最多的就是我们将来要做科学家，现实是普通的劳动者远比科学家要多得多。更糟糕的是，好多抱有远大理想的人，自己的理想没有实现，到头来也没有成为一个合格的劳动者；又有报道说，在人才市场，甚至出现硕士博士扎堆、高级技工难求的现象，或许，好些人压根儿就没把小理想放在心上。

小理想很小，其实，把小理想的事情做好，也不是一件容易的事情。

上帝派我来爱你

◆童素心

1

我一直都记得父亲在倒下去的那一瞬间，剧烈头痛，喷射性呕吐，然后就失去了意识。等到他再次醒来时，已是在核磁共振室的门口。他看见母亲在哭，我在哭，小老虎因为害怕也在哭。父亲就笑着安慰我们，说不过是感冒引起的头痛，待会儿就可以回家了。说完后就从容地摘下手表和钥匙，又把手机和钱包交给我……父亲说话的时候还是笑着的，还拍拍母亲的手背，还有一头黑发里夹杂着少许白发的头发……然后，十个小时过去了，手术室里推出来的那个光头上缠满血渍斑斑的纱布的人，我们都很陌生。

父亲的病是脑溢血，手术对脑神经的损伤很大，他的一切几乎都改变了。父亲本是一个沉稳的人，现在却成了性格暴躁的急脾气，又好像小孩子一样，受不得半点委屈。母亲这样评价父亲：有时候他过于保护自己，有时候却又不懂得保护自己。

待到父亲的病情稳定下来，母亲随之也倒下了。先是神经性耳聋，医生说主要是心理上的压力造成的，紧接着又是急性胰腺炎，病危通知单也发了下来。手术的时候我一个人站在外面，什么都不敢想，又把什么都想过一遍。出了一身的汗，人几乎崩溃。

几个小时之后母亲出来了，整个人却因失血过多而惨白无色，脸是肿的，手是僵硬的。

就这样，整整一年，我在同一所医院的神经外科和内科之间度过。两次开颅手术，一次胰腺炎手术，还有若干次儿科门诊。30岁那年，仿佛一生一世。

出院后，母亲明显地变老了。过去她是一个风风火火的人，热情开朗自信，学了三年的钢琴和书法，还是夕阳红歌唱团的成员，并且天天都去游泳。但是现在，她的脸上自始至终都没有表情。我也没什么表情，嘴里却生了疖，上了火。我想大家都和我一样，心里不是不急的，只是，我们都开始了沉默。

2

父亲和母亲是大学同学，毕业分配一起来到了三线的军工厂，在那里一待就是十年。贫瘠的山区里没有奶粉和肉，平日里吃的是自家小院里的蔬菜，最大的幸福就是春节的时候能穿上母亲亲手给我做的棉袄罩衣……后来，我们返城了。有一年中秋，父亲在家里剁排骨，不小心剁到手指头上，那时候我才上五年级，太小，还不会骑车带人，说是陪父亲看病，却让父亲骑车带着我……还有一段时间我总是和母亲对着干。

青春期吧，自尊心很强，结果总是伤人，再加上早恋和追星，完全就是一个问题少女……我的青春期很长。懂事，也是结婚以后的事。因为有了小老虎。并且，他让我学会了感恩。

小老虎只是一个三岁的小孩子，却因为我的忧虑，格外地懂事。父亲生病住院的那段日子，小老虎还没有上幼儿园，我和他几乎每天都是在医院里度过的。

父亲出院不久，小老虎开始惧怕生老病死。他问我：妈妈，好多年好多年以后，我会不会死?还问：妈妈，天上到底有没有天使?

我这样安慰他：小老虎，天上当然有天使了，因为你就是天使。

3

小老虎很聪明，因为我没有耐心，他问我生字从来都不敢问第二遍，结果他在三岁的时候就认识了3000多个汉字，这样就可以自己独立看书了。

每天晚上我都逼着小老虎写日记。有一天他幻想了一下暴富之后的分赃：姥姥耳朵聋了，给她买好多好多耳朵；姥爷脑袋坏了，就买好多好多脑袋；自己买好多好多人，有的做饭，有的洗衣服，有的收拾房子，这样就可以让妈妈只陪我一个人玩了……

当时我帮他记录下来的时候是笑着的，不想往后的日子里每次看到都会流眼泪。小孩子的世界，单纯而美好。

已经读小学一年级的他给我写了张小纸条，上面是这样写的：妈妈，我喜欢高高兴兴的妈妈。你不是说我是天使吗?那么，我就是上帝派来爱你的。

谢谢小老虎，因为他对我说，妈妈，我是上帝派来爱你的。

也谢谢亲爱的爸爸妈妈，我会永远记得，上帝派我来爱你们。

用心用力，“乌合之众”也能赢

◆[美]罗格·丁·克舍 范子盛 译

在学校里，不论玩何种游戏，我们这些孤儿总是轮在最后。

棒球、足球甚至躲闪球都是如此。这和我们的高矮胖瘦、速度快慢无关，仅仅因为我们是孤儿。

我无法说出，那天老师选我做躲闪球队的队长时，我有多么意外。

我们集合在学校操场上，老师抛下一枚硬币决定谁第一个被选上。

“正面！”我们四年级的老师切丽夫人喊道。

我笑了，因为可以第一个选队员。我环视了一下这一大群男孩，目光停留在杰弗利身上。他是一个动作很慢的人，体重达98磅。

“杰弗利！”我指着他大叫道。

他用十分诧异的目光看着我，然后移动他那胖胖的身体朝我走来。

“你要我？”他问道。

我拍了拍他的背：“对。”

我第二个挑的是莱奥纳德。他是一个戴着厚镜片的黑框眼镜，从来不梳头发的小男孩。他属安安静静不合群的那种人，但是，毫无疑问他是我们班的智囊。

剩下的我挑的全是我认识的孤儿，或者是那些总是轮在最后的孩子。

“他挑的全是乌合之众，咱们不费吹灰之力就能赢。”对方的队长说。

“我们会输。”当我们抱成团的时候，杰弗利说。

“你为什么要选我呢？我离开了眼镜，什么都看不见。”莱奥纳德说。

“我们会赢的。”我告诉他们。

比赛开始了，我让杰弗利站在我们这些跑得较快的人身后，这样他就有充足的反应时间。我们队不能留在场地的中央，我们要做环形跑动而不是进行穿插，这样的战术会给我们带来很多好处。

球扔出五六次后击中了罗伯特，又扔出五六次后击中了韦恩。有一刻我们全部中球，我们被打散了。他们使劲用球击打我们，利用我们队形大乱之机攻打我们的背后，他们全在嘲笑我们。很快，杰弗利和我碰到了一起。

“我不相信你我会如此狼狈。”杰弗利奋力喊道。

“牢牢地呆在我的后面。”我对他说。

“猛攻胖子杰弗利。”对方一名队员叫道。

我永远都忘不了比赛结束时杰弗利的神情，他无法相信自己能跑那么快。他眼中含着泪花。

“你第一个就挑中了我，我非常感动。”他在洗脸池哭着对我说。

这一天，我上了非常好的一课。毕竟我们是一帮不起眼的孩子。那天早上，切丽夫人就跟我们讲了“用心”和“用力”的道理，她告诉我们，如果我们要取得人生的成功，我们就必须竭尽全心与全力，我们须组建团队一起努力。

我们的胜利便是明证。

最美好的时刻

◆[美]格拉迪·贝尔 司一 译

记得我的这一时刻出现在八岁那一年。那是一个春天的夜晚，我突然醒了，睁开眼睛，看见屋子里洒满了月光，四周静悄悄的，一点声音也没有。温暖的空气里充满了梨花和忍冬树丛发出的清香。

我下了床，踮着脚轻轻地走出屋子，随手关上了门，母亲正坐在门廊的石阶上，她抬起头，看见了我，笑了笑，一只手拉我挨着她坐下，另一只手就势把我揽在怀里。整个乡村万籁俱寂，临近的屋子都熄了灯，月光是那么明亮。远处，大约一英里外的那片树林，黑压压地呈现在眼前。那只看门狗在草坪上向我们跑来，舒服地躺在我们脚下，伸展了一下身子，把头枕在母亲外衣的下襟。我们就这样待了很久，谁都不出声。

然而，在那片黑压压的树林里却并不那么宁静——野兔子和小松鼠、负鼠和金花鼠，它们都在那儿奔跳、欢笑；还有那田野里，那花园的阴影处，花草树木都在悄悄地生长。

那些红的桃花，白的梨花，很快就会飘散零落，留下的将是初结的果实；那些野李子树也会长出滚圆的、像一盏盏灯笼似的野李子，野李子又酸又甜，都是因为太阳烤炙的，风雨吹打的；还有那青青的瓜藤，绽开着南瓜似的花朵，花朵里满是蜜糖，等待着早晨蜜蜂的来临，但是过不了多久，你看见的将是一条条甜瓜，而不再是这些花朵了。啊，在这无边无际的宁静中，生命——这种神秘的东西，它既摸不着，也听不见。只有大自然那无所不能、温柔可爱的手在抚弄着它——正在活动着，它在生长，它在壮大。

一个八岁的孩子当然不会想得那么多，也许他还不知道自己正沉浸在这无边无际的宁静中。不过，当他看见一颗星星挂在雪松的树梢上时，他也被迷住了；当他听见一只模仿鸟在月光下婉转啼鸣时，他心里有一种说不出的高兴；当他的手触到母亲的手臂时，他感到自己是那么安全、那么舒坦。

生命在活动，地球在旋转，江河在奔流。这一切对他来说也许是莫名其妙的事情，也许已经使他模糊地意识到：这就是生命，这就是最美好的时刻。

用理解来表达需要

◆蒋光宇

杰克和约翰是多年的同事、好朋友，都有看报的习惯。

一次，他们两个人一同去曼哈顿出差。第二天早上，当他们在旅店点完早餐之后，约翰说："我出去买份报纸，一会儿就回来。"

过了5分钟，约翰空着手回来了，嘴里嘟嘟囔囔、含糊不清地发泄着怨气。

"怎么了？"杰克不明就里地问。

约翰答道："我走到马路对面的那个报亭，拿了一份报纸，递给那家伙一张10美元的票子，让他给我找钱。他不但不找钱，反而从我腋下抽走了报纸。我正在纳闷，他倒没有好气地开始教训我了，说他生意正忙，决不能在这个高峰时间给人换零钱。看来，他是把我当成借买报之机换零钱的人了。"两个人一边吃饭，一边议论这一插曲。约翰认为，这里的小贩傲慢无理，不近人情素质太差，很可能都是些"品质恶劣的家伙"，并劝杰克少跟他们打交道。但杰克心里却不同意约翰的看法。

他们吃完早餐后，杰克请约翰在旅店门口等一会儿，自己则向马路对面的那个报亭走去。

杰克面带微笑十分温和地对报亭主人说："先生，对不起，您能不能帮个忙。我是外地人，很想买一份《纽约时报》看看。可是我手头没有零钱，只好用这张10美元的票子。在您正忙的时候，真是给您添麻烦了。”

卖报人一边忙着，一边毫不犹豫地把一份报纸递给杰克，说：“嗨，拿去吧，方便的时候再给我零钱！”

当约翰看到杰克高兴地拿着“战利品”回来的时候，疑惑不解地问：“杰克，你说你也没有零钱，那个家伙怎么把报纸卖给你了？”

杰克真诚地说：“你我之间是无话不说的好朋友。我的体会是：如果先理解别人，那么自己就容易被别人理解自己；如果总想让别人先理解自己，那么自己就容易觉得别人不可理解；如果用理解来表达需要，那么自己的需要就容易得到满足。”

自由的鸡

◆[美]南西·文思克莱　荣素礼 译

伯岭肯农场是一个大型机械化养鸡场，一个个仓库式样的大房间里整齐地排列着近百个小笼子，每个笼里有两只产蛋鸡。

笼子如此之小，母鸡在里面根本无法转身。鸡笼前面的自动传送带给它们送来食物，后面的传送带则带走它们刚下的鸡蛋。

我发现不远处有十几只四处游荡的鸡，一个工作人员跟在鸡群后往地上撒米喂它们。

“你是想把它们引回鸡笼吧？要帮忙吗？”他走过我身边时，我对那个喂鸡的员工说。

“谢谢，我不想抓住它们，”喂鸡的员工对我点点头，“我们有意让这几只鸡自由活动。关在笼子里的那些家伙如果看不到几只自由的鸡，会由于神经过度紧张而停止产蛋。如果没有这几个‘逃跑’分子，其他鸡最终会放弃希望，甚至死掉。”

一下子，我意识到我的生活方式和这些笼子里的鸡是多么相似。我们多少人一生都生活在笼子里，渴望地看着别人去历险，追求梦想，享受自由。

我意识到世上有两种鸡：生活在笼子里的和自由自在的。我要做一只自由的鸡。

用曲别针敲开求婚门

◆蒋光宇

1840年，有一个叫亨特的法国青年爱上了一个中产阶级家庭的姑娘玛格瑞特。他诚恳地上门求婚，请求玛格瑞特的父亲把女儿嫁给他。

但是，玛格瑞特的父亲不想把自己的女儿嫁给这个穷小子，于是答复他说：“如果你在10天内能够赚到1000美元，我就同意你们两人的婚事。”

亨特回家后，陷入了深深的苦闷中，1000美元对于他来说简直是一个天文数字。为了不失掉钟爱的玛格瑞特，也为了争一口气，让玛格瑞特的父亲不再小看自己，他冥思苦想，决心搞出一个发明创造，然后将专利卖掉，尽快在10天内赚到这1000美元。

但是究竟设计什么呢？亨特废寝忘食地寻找目标，并绞尽脑汁地去尝试。爱情和自尊的力量使他很快选准了目标：人们在欢庆的场合，都习惯用大头针在衣服的前襟上别一朵花。可是大头针很不安全，经常把人的手或身体扎破，有时还会自己脱落。于是，亨特产生了灵感：“如果将铁丝多折几道，再把口做成可以封住的，不就有了既方便又安全的戴花别针了吗？”他剪下2米左右的铁丝试做，反复试验，终于设计出了现代使用的曲别针雏形。大功告成之后，亨特飞奔到专利局，申请了专利。

很快，一个消息灵通的制造商问亨特：“转让这个发明专利要多少钱？”

亨特一心只想把玛格瑞特娶到手，便毫不犹豫地回答："1000美元。"

一拍即合，制造商当场就和他达成交易。

亨特拿着1000美元的支票跑到玛格瑞特家，玛格瑞特的父亲听完亨特讲述的赚钱经过后，先是笑了一下，随即骂道："你这个笨蛋！"原来他是嫌亨特太老实、太性急，因为这样的发明至少能值10万美元以上。但亨特还是用曲别针敲开了紧闭着的求婚之门，最终被获准和自己心爱的人结婚了。

在结婚的庆典上，朋友们请亨特说一说求婚的体会，他说出了赢得热烈掌声并使岳父刮目相看的话：

"这个世界对善于思考的人来说是喜剧，对不善于思考的人来说则是悲剧。只有善于思考的人，才是力大无边的人。地球上最神奇、最瑰丽的花朵，就是思考。"

如果累了 就相爱吧

◆王　凯

1

那天车上人多得要死，仿佛全中国人都赶这趟车似的。我手里举着行李，嘴里叼着车票，使劲地从人堆里挤出杀向自己的座位。却见一个穿着套三条边“阿迪”的小男孩坐在我的座位上，正低着头很香地啃着一截老玉米。我腾出一只手拍拍他的肩膀，不耐烦地说：“兄弟，闪了闪了，这座位是我的。”那厮一抬头……竟然是个短发小美女：“谁是你兄弟，流氓！”

这就是小小，小得能被我拎起来当牙签用。

那天上帝安排我们在同一列火车同一个座位上相遇，去的又是同一个城市同一条路上相邻的两所大学，这么好的机会要是再让它闪掉，估计连上帝都会找我算账。

那时我已经混到大二了，有的是时间，于是约小小便成为我课余生活的第一需要。她常去吃离校不远的胡同口的馄饨，我就经常以此为借口约她，她也少有推辞，乐得消受。

一个月以后，我开始有点风吹草动，可她却说：“别想太多，学校里恋爱没劲的，我们是兄弟。”我说：“谁是你兄弟，我是真的喜欢……”每次话还没出口，总是被小小打断了："不许说，不许说，反动气焰也太嚣张了吧！？"

那时的小小在我眼中，真就跟江姐一样，甭想从她嘴里套出点什么来。于是我们便只能这么若即若离地耗着。而每每在本该让恋爱事业蒸蒸日上的寒暑假，别人都是双双把家还，她却仿佛有意避开我似的，每每闪得踪迹全无，就连007也找不到她。问她假期到哪儿去了？她就说打工挣钱去了，她需要好多好多钱。问她要这么多钱干什么？她说留着等毕业以后用，可以去西藏、新疆还有九寨沟、青海湖那些梦想已久的地方。

小小说自已是属驴子的，一头喜欢旅游喜欢ZN（自虐）的"驴子"，可她在我眼里分明就是一只小蜘蛛，漫不经心地编织着她的网；而我则是只ZN（作孽）的大甲虫，不小心一头撞进网中，虽然有时候有点懊恼她的我行我素，却再也没有办法摆脱。

2

大三夏天，小小在QQ里问我，去不去爬山露营。我说，我只想睡觉。她飞快地又回了一句，用了硕大的红色字体："有美女相伴哦。"于是，我心痒痒地去了。可到那儿一瞧，几个美眉距离美女的标准起码得孙猴子翻个跟头。正暗自恼火时，小小来了，我揪她衣领压低声音质问道："小样，你找扁啊，美女呢？"小小皱着眉头忒不屑地看着我说："切！难道我不是吗？"

露营时我看出来，除了我，还有两个蟀哥对小小也有点意思，而学校里就更多了，好多男孩子都追她。她也来者不拒，乐呵呵地疯来疯去，跟着人家去踢球或溜冰，她这暧昧不清的态度让我很着急，想让她给我划清界限——我到底算哪根葱？

她说，你别急呀，不跟别人比，怎么能显得你优秀呢？这竟然也算个道理，而我竟然也嘿嘿地笑着点头。

秋天的时候，看到报纸写着，明天凌晨有流星雨。据说，相爱的人在看到流星的那一刻许愿，一定会心想事成的。我兴冲冲地跑去约小小，她却说，好像我还没有爱上你吧。一下伤了我的自尊，转身想走。却被她一把拉住："切！革命意志一点儿都不坚定！""那么说你是真的想和我一起去？"我怀着一丝希望望着她。她飞快地从兜里掏出一张纸条递给我，一脸坏笑地说："嘿嘿，好吧好吧，这是陪看流星雨的零食清单，一样都不能少哦。"

一颗颗美丽至极的流星在黝黑的天际划过，我和小小同时闭上眼睛，默默地在心里许愿。睁开眼睛后，我说，我愿我爱的人也爱我，你呢？小小坐在我对面凝望着我，忽然沉默了，那眼神微眯，仿佛是在一泓清泉中寻找着什么稍纵即逝的小鱼，特深情。我肯定这是个暗示，心"怦怦"直跳，鼓足了勇气，缓缓地低下头去，试探着去吻她，就在彼此的鼻尖快触到时，她幽幽地说："虫子啊，虫子飞到我眼睛里啦，帮我吹吹啦……"

看完流星雨，已经是黎明了，我俩不敢回学校，就随处逛着。那夜我们就像两辆既定轨道的电车，在那个城市里缓慢而平静行进着，说着一些不曾深刻的话题，聊着一些不曾深刻的事情，一种淡淡的情愫就像纷飞的小虫萦绕着橘黄的路灯般萦绕在我们周围。

最后，在胡同口吃完馄饨告别的时候，小小忽然很奇怪地问我："今天几号？"我说："10月23号啊。"然后她又问："那现在几点啊？"我说：

“6点33分，怎么了？”“没什么呀，”小小很暧昧地看着我，缓缓道，“记住10月23号6点33分这个时刻，我开始有点喜欢你了呀。”

3

如果你爱过，你就会明白，喜欢一个人是一回事，爱一个人又是另一回事。爱还是不爱，这是一个问题。不过这个问题在小小那儿不成为问题，她用亦舒的话给我解释：“陪你在路上满心欢喜，是因为风景，不是因为你——所以我们走着看吧，走到哪一天大家都累了，不想走了，再爱吧。”

小小送我一个四四方方的水晶鱼缸，如果不是因为里面有几条金鱼的话，我更乐意拿这鱼缸去食堂打汤喝。小小把它放在我们男生寝室的窗台上，每天清晨的阳光会把鱼缸照得晶莹通透，远远地看去，小鱼们就像在暖暖的空气里游泳。从那以后，小小时常冷不丁地杀进男生寝室，把近乎全裸的我们堵在被窝里。每次当我们很色情地尖叫时，她就会很不屑地冲我们喊：“嗳，叫什么叫啊，流氓，没见过美女吗？”

小小每次来都给我们和金鱼带吃的来，兄弟们便全然不顾乍泄的春光，从被子里钻出来争着吃小小带来的早点或夜宵。一人得道，鸡犬也跟着升天，兄弟们都很开心，都说我傻人有傻福。可惜金鱼命娇贵，时不时地会被我们的臭鞋臭袜臭烟味给熏死，为了能够继续吃到小小带来的美食，兄弟们只能轮流着跑花鸟市场，掏出恶心的死金鱼，对照着买差不多大小和颜色的冒充。真可谓用心良苦，倒也从未被小小识破过。

老爸老妈经常出差，顺道就来学校看我，有一次正巧碰上小小端着早点进来，一见他们，小小放下饭菜立即闷声不响地就闪了。我心想，咦，这小丫头竟然也有害羞的时候。可不一会儿，小小又捧着一叠纸饭盒进来了：“伯父伯母，没什么准备，随便吃点吧。”老爸一哆嗦，手里的烟掉地上了。回去的时候，老爸拍拍我的肩膀问我：“这姑娘谁啊？挺好的，像你妈小时候。”老妈一声轻哼：“胡说，我以前可比她漂亮多了。”

毕业就在我与小小若即若离的恍惚与初吻的缠绵中晃晃悠悠地到来了。那段日子，每一天无论醒着还是睡着，都是醉生梦死的，兄弟姐妹们热血澎湃或清泪潸然地说了好多好多关于青春关于爱情关于未来的话，然后天明时抹把泪，从此天各一方，从此开始忘却。

我决定留在这个城市，老妈法力无边，早就替我安排了一个机关工作。而小小却选择了漂泊，她说她现在不想工作的事，钱也存够了，只想那些梦想已久的地方，一个城市一个城市地漂走。

谁知道她是怎么想的，小小想好的事，永远都没有人也没什么办法可以阻止！启程在凌晨，为了不错过，小小就在火车站旁的小旅馆里租了个房间。我给她买了好多吃的东西，还有酒。我们不说话，就喝酒，然后悲恸欲绝地，每一次她都是那一种姿态，抱得我很紧，很紧，自始至终一直盯着我的脸，仿佛要印入脑海似的。最后我们相拥着沉沉睡去，一小时或是一辈子。

4

车站里，她吻吻我的脸颊，像阿诺在《The Terminator》那样对我说：“I'll be back.”然后抽身便走，头也不回。我远远地冲她的背影喊：“小小，我等你！”但火车隆隆的呼啸吞没了我的声音。当承载着小小的火车驶出视线的一瞬间，我眼前晶莹一片，不知道这一放手，最爱的是不是还会属于我——是的，后来听到《卧虎藏龙》里说："有的人心里有种毒，漂泊就是这样一种毒，如同泪珠，怎么也找不到安置的脸庞……"我觉着，那说的就是小小。

我是那种当一个新的生活模式出现后，便会努力地去适应，然后便最好能固守于这种模式一成不变的人。两个月后，我已经逐渐适应工作，而且混得还不错，深得头儿的赏识。小小则依旧在路上，时不时地会发E-mail告诉我她在哪个城市，用各种形容词告诉我她的快乐，一张张照片撩拨着我的思念。当然，我对小小不应多抱什么幻想。她漂泊，我安稳；她小资，我小农；她心怀梦想，属于更遥远未知的明天，而我只看到今天，更多时候是活在昨天。

妈妈开始关心我的生活，电话里问我跟那个"长得不如我年轻时漂亮的"女孩子怎么样了？我问妈妈："那年轻时候你跟爸爸是怎么样的呢？"妈妈说："你老爸怎么能跟你现在比呢，他那时就知道扎根农村，还冒充知识分子，而我1977年第一批考进大学，毕业后本来可以留在北京的，我也不知为啥会喜欢上你爸，傻兮兮地又回来了，可能这就是你们说的缘分吧。儿子，有些事真的是命里注定好的……"妈妈的话让我很释怀。

单位里其实不乏美女，可我觉得她们的姿态让我觉着难受，她们在办公室里碰到我时的笑容和在公园里碰到我时的笑容都是一个版本的；她们吃饭从来不会像小小那样狼吞虎咽腮帮子塞得鼓鼓的；她们在E-mail里永远不会忘记"你好"两个字，而不像小小那样劈头就是"你还活着吧"……所以我真的无所适从，仿佛心有所牵，却又麻木不仁。我学会了抽烟，半年的时光，在烟雾飘渺中，一滑而过。

不知道从哪一天起，小小的E-mail就断掉了。我一遍又一遍地给她发信，却始终杳无音讯。我紧张坏了，甚至想到了她会不会被雪人抓走了。起初我还有一种错觉，总觉得我和小小之间有某种无形的约定，无论怎么样，最终我们还是会走到一起。可冬天来临了，每天在梦里，我都梦到她，却只是一个背影，不停前行的背影，她从来不曾回头望我一眼。我想，或许一切都该结束了吧。

我把对小小的怀念与思念都装进一个叫“记忆”的箱子，等待着如果还有某一天，由小小来重新开启，或者都随着时光变成过眼云烟。

5

春天的时候，单位搞活动去杭州游玩，可以带着家属或恋人去。我身在爱情之外，虽然依旧单身，但玩得很尽兴。第二天走到断桥，领导说：“这桥有种说法，很灵的，一起在断桥上从头走到尾的人，一辈子就不会分开了。”领导的话像一只手，伸出来那么狠地捏了一下我的心——与我牵手的人，此刻身在何处？

别人都乐呵呵地牵着手走过去了，就剩下我和另一个美眉还傻愣着，对面的人都起哄。我掏出盒烟，想点一根掩饰一下难堪的表情，却发现里面竟空空如也，一如那时我真实的内心。美眉无可奈何地看着我，用求助的眼神。我笑笑，为避免尴尬，我伸出手去说，算了，咱也走吧。走到半道，手机响了，一接，听到一个差点让我潸然泪流的声音……

小小回来了，又黑又瘦，像《闪闪的红星》里的潘冬子，头发还是那么短，目光却变得异样温柔。一刹那汹涌而来的情感让我有点憋气，我说，你怎么回来了，不过才半年多呀？她说钱包瘪了呀，经济基础决定上层建筑，就来投靠你了，能在你这里敲一顿是一顿。她嘴巴歪歪地冲着我坏笑，这一笑，把我所有的矫情都给摧垮了。

我去银行里取了好多钱。小小问我干吗，我说，没啥，这些日子你肯定没吃什么好的，今天我得把你一气补成个胖子。小小说，嗯，是的，是得好好敲你一顿，天南海北的时候特别想吃一种东西，梦里都想，现在你就跟我走吧。小小拖着我走过大街，转过小巷，路过学校，经过胡同，又找到了那个馄饨摊。

我说不行不行，今天你怎么能吃这个呢？小小说为什么不能啊，喜欢就是最好的呀，其实那时我喜欢馄饨，也喜欢你的，其实流星雨那夜我许的愿，就是我要我们在一起呀……现在，让我们从头开始吧。

半夜里，我忍不住问小小："这半年多你都去了哪儿？"小小说："你怎么这么健忘呀，不是告诉过你我去哪儿了吗？"我说："那后来呢，你怎么连E-mail都不发给我呀？我还以为你给雪人做老婆了呢。"小小扇了我一下："那么边远的地方，我上哪儿找网吧给你发信呀。有一次我足足走了50多公里才找到一个只有5台电脑的网吧。切，说你笨你还不信！"我说："这经历对你很重要吗？"小小说："是的。"我说："那你以后有钱了还继续吗？"小小说："够了。"我说："为什么呀？"小小说："因为……我累了……不想走了……"

我抱着小小，闻着她短短头发和光滑身体上令我头晕目眩的味道，鼻子很酸。我把这种晕眩和发酸的原因归结为两个字——"爱情"。

是的，小农和小资都累了，相爱了。

天使不想念

◆贺朗年

1

天凉了，头发留起来，再做个颜色。发型师说。

我说好。发型师给我设计了一款往外翻翘的短短卷发，颜色挑了一款栗色。他说你的肤色适合这个。他用了某一种新型的丝蛋白染发剂。染了。灯光洒下，有金棕光亮。

发型师是个神情落寞的青年，瘦削身材，手指纤长，脸色苍白，听说是基督徒。

君度下班，顺路来接我。看见我栗色头发，他眼中有奇异神色。走下台阶的时候，他讲故事：从前有一个王后，怀孕了。下雪的天气，她坐在乌木的窗前给未出生的婴儿缝小衣服，突然针刺到手指，流出一滴血。王后呆了片刻，对自己说，如果生一个女儿多好啊，头发像乌木一样黑，皮肤像雪一样白，嘴唇像血一样红……

“何不像玫瑰一样红？”我说。

“下雪天气，哪来的玫瑰。”君度不以为然。

我看看他，没说话。玫瑰当然有的，玫瑰在雪下。漫长冬季里玫瑰被雪深埋。玫瑰。我的嘴唇是玫瑰的深红，我的头发染成了栗色。

教堂天顶画上，从来没有黑发天使。

2

他叫我Angel。通常叫这个名字的女子，喜着浅色衣衫，眼神纯洁，不谙世事——面对曲折幽深的人心，天使的第二个名字是“白痴”。

他笑我婴儿肥，他说他爱我波兰少女般的卷发与面孔。然而天使是用来赞美与呵护的，不是用来爱慕的，尤其是胖乎乎的天使。君度，他爱惜我，他自然地拖我的手，但我心知，他从未爱慕过我。胖人相比瘦人，在气质上总是吃亏的。一出场便被比下去。所以诗人总是瘦的好——胖诗人临风落泪，是没有观众的。

而重生就瘦。她是肤色微深的英俊女子，线条清楚，黑发如瀑。放在别的年代和国度，她该穿长靴持双筒火枪与男子一同纵马猎狐。

认识重生是在她的铺子里，她出售某个牌子的丝麻外贸衫。我从货架间一件一件看过去，只听她用英文跟一胖一瘦两名美国口音的背包女子讲：这个牌子确实来自你们的国家，但在世界任何一个地方你都别想用这么低的价钱买到它。二美女揭起价格标签，再细细研究做工同质地，对视一眼，狂喜的表情。怎可如此喜形于色？我叹气。这两个头脑简单的家伙，注定在店主快刀之下头破血流。

这家店主很有意思，用一个奇怪的地名做了店名。然而我知道那地名意味着什么。店主是我大学校友。

我转向她，用方言低沉道：“斩鬼妹可以，斩我不行。”

美丽的女店主两眼狐疑盯我良久，继而大笑。

收银台一角点了印度香，她拎一支香烟，神情慵懒，眯了眼看两股烟气交错上升。

我以极低的价钱买下一件浅栗色短衫，并一串腕珠，琥珀的颜色。

渐渐与重生熟络。

我带君度去了重生的店。走在路上他说，大好周末扰我清梦。我对他讲起重生的种种。他又道，你所说的，仿佛是妖精。一路不屑之极。及至见到重生，情况大异。我冷眼看君度，但见他目光如雨，略略回避之后，又毫不犹豫扫荡过去。他握着我的右手忽然有汗。

我内心震荡，呼吸下沉。

重生看他，轻描淡写地笑，对我道："你挑男友眼光倒不错。"

回家路上，君度道："她很特别。"

我说谁特别。君度略一停顿，道："你的，那位朋友。"

我笑问："能特别过我？"他也笑："你是天使，她是人间好风光。"

3

日子逝去，波澜不惊。月末的一天，下班时君度说他晚间要见朋友，我说那我约人去打球好了。然而球友临时有事，于是我决定去重生的店里看看，顺便淘两件衣服。

傍晚时分，店里热闹之极。重生和她的店员好似忙不过来的样子。我不想凑热闹，便靠在骑楼的廊柱上站住，打算等高峰过后再进去。

重生的店对面是一家咖啡馆。黄昏光线斜斜指向大幅窗玻璃，明暗错落。更令人惊异的是，透过窗玻璃，我看见了君度。他独自一人，沉默地坐在一个临窗的位置，面前一杯咖啡。顺着他的目光看过去，焦点落在重生身上，暗暗的隐忍，却一触即发如灼热熔岩——我想，我隐身在一株高大的扇葵后面，头脑昏沉地想——若要生生接住，就算不被熔化，至少都是烫伤。

他从未用这样的目光看过我。

没来由地，我竟然心脏狂跳，仿佛是自己的秘密被人撞破。

我拨开扇葵叶片，深吸一口气，默然退走。

4

报纸刊登最新医学研究成果，说，女人的爱是靠不住的，女人比男人更花心，女人对男人的专注通常只能持续四年。也就是说，女人大多四年一恋。

男人要多少年才会变心，报纸没说。四年零一个月？五年？谁比谁更持久。情比金坚？满街人潮中有几人识得如此腐朽词汇。

我与他相恋五年零两个月。啊哈，够了。我赚了。

我回家，脑中翻江倒海，只等着君度回来。夜深了，我仍精神亢奋，毫无睡意。

他回来了。我缩在沙发里，听见脚步在门前停下，然后是开锁的声音。

他开灯，看见我坐在黑暗中失神模样，情知有异，犹豫片刻终于开口：“我……”

我打断他，音色冷静：“你不用说。我放你走。”

第二日，君度搬出去，只带了简单的行李，说暂时与同事合住。

重生那头悄无声息。我觉得奇怪。如果大家还是朋友，她该给我一个交代，否则日后见面亦是尴尬。

终于等到下一个周末，重生约我喝早茶。我想她是要跟我摊牌了。我洗干净隔夜失眠的脸，用定型水将头发抻出近乎完美的造型，穿了整齐的衣服，赶去我们常去的那家老广东酒楼赴约。

我想好了，如果重生开口说对不起，我便说没关系，你想要的，你都拿去。

热气腾腾的酒楼早市。重生一早等在那里，虾饺、叉烧肠、马拉糕、香芋饼、潮州粉、果柴鱼、花生粥点了一桌。我说你点这么多，吃得下吗？重生发狠道："吃不下就打包回去，反正要走了，以后想喝早茶都难了。"

要走？去哪里？我一惊。她说："我要回重庆了。"

回重庆？重生点头："有人在重庆等我回去。"

是她从前的恋人。他是画家，我在晚报上看过他在深圳一间美术馆开画展的报道。当初重生从重庆到北京到美国再到深圳，无非是与他打一场躲躲藏藏的二人战争。到如今，经历了漫长岁月，她才发现，他才是唯一能让她心安的人。她要回去，跟他共度余生。

君度呢？我突然发现这故事走入了岔道。我说："他怎么办？"

"君度怎么了？跟我回重庆有什么关系？"重生一脸的不明就里。

"没什么。"我说。生生将所有疑问逼回胸腔。

原来，原来他与她，君度与重生，竟毫无干系。

重生淡淡道："对了，你和君度怎样？还好吧？"

我一时凝咽。

君度，原来他与她只是一段尚未发生的情节。他爱上别的女子，堂堂正正讲清楚，先与我做了了断，再去追他的理想——他有如此高贵气质，真正难得。

无论如何，他不会回头，我亦不会再接受。以教养为荣者，必为教养所困。谁说这不是悲剧。

我爱他，但不可以勉强。

5

通常，受伤当时，人只会感觉麻木。疼痛与眼泪是转身之后才开始的事。

2003年12月14日。晚上10点，我无意间瞥了一眼电视。香港Pearl正在播放晚间新闻。那一刻，几乎全世界所有电视台的新闻都是同样的主题——屏幕上，美国军方发言人神色冷峻地宣布：We got him.

他们将满脸胡须的萨达姆先生从藏身的洞穴里拖出来。We got him.举世震动。

而一周之前，同一个时刻，我爱过的人，君度，他跟我说对不起。I lost him.是的。

他们得到他。我失去他。我颓然泪下。

是的，有人获得，有人必失去。生死、荣枯、冷暖、新旧。一得一失，能量永恒，此消彼长，便是公道。

我失去他，这个叫君度的男子。

从今往后世间再无此人。

6

重生在电话里讲，她在解放碑，重庆最繁华的地段，开一间特色铺子，仍旧卖丝麻衣服与藏银挂饰，生意好得出奇。她说Angel你回来，帮我打理生意，我好安心去装修我的酒吧。

不不不。我从不负累他人。

重生说，那你回来看看都好，重庆变样了。你有几年没回来了吧？

重生说，我请你到南滨路吃陶然居，你喜欢的麻辣田螺。

麻辣田螺。记忆点滴涌上唇舌，忽然之间我想家了。我答应重生，好的，到最冷的时候，我穿着你送我的花棉袄回去。

上一次回去，是与君度一起。他说，没想到重庆这么大，也没想到重庆的冬天这么冷。北方的冬天冷在皮肤上，你们重庆……冷在骨头里。

心死了，更冷。

江湖夜雨十年灯，君度有一次笑问，是黄庭坚还是顾炎武？我说不要问我，我不知道，我是个没文化的人。

江湖夜雨十年灯。十年廿年都恍若一梦。

香港自由行开通许久，从深圳去香港购物旅游，比过去广州还容易。但我一直没去申请通行证。我不知道为什么。我在深圳的地面上走来走去，阳光照着我的影子轻薄飘忽，我无法感觉热度，我的脸上没有表情。我不知道为什么。我只是托朋友从香港带回一个数码相机，从此日日蹂躏我的两个宝贝公仔大力欢和匹诺曹，给它们摆最可笑的姿势，令它们强颜欢笑着拍照。

早起上班，电梯里同事惊呼：你头顶有白头发了。

挨到周五下班，同事问：红宝路新开一家叫酷比龙的KTV，有没有去过？

酷比龙。抱着大桶好味道的爆米花，我点一首老歌《边界1999》，许美静。屏幕上许美静戴一对灰白的天使翅膀，在失重的空间浮游，绝望神色似在悼念。她的背后是一些熟悉的面孔，许茹芸，熊天平，迪克牛仔，同样的绝望神色，来去，浮游。

永别，你爱我的世纪。离别后，如何面对孤独的千年。也许以后悲伤里沉醉。也许只要虚冷的抚慰。忘记了你，都市变成寂寞的废铁。

这是首悲伤的歌，然而我顺利地唱完了。没有哽咽，没有哭泣，甚至什么也没想。脑中空无一物。没有想任何人。

天使没有心。天使不落泪。天使无所谓想念。

然而我嗓音已嘶哑。

7

2004年1月18日，深圳机场。

换登机牌，行李托运，过安检。乘扶梯上候机厅，忽觉腹中饥饿。原来行色匆匆忘记了午餐。我去到餐厅，叫一份牛腩汤米粉。

米粉没有了，只得河粉。服务生说。

牛腩没有了，只得牛肉。服务生说。

好的好的，有河粉，有牛肉，也是好的。那服务生，速速来碗牛肉汤河粉。

麦兜的校长说，没常餐，没快餐，没这样没那样。然而早晨的时候他宣布今天供应荔芋火鸭扎。说过的话，原来都可以不算数的。

牛肉河粉端上来，热气升腾。我加醋，加香菜，加大勺辣椒油，猛力搅拌，然后俯身下去，大吃。饥饿相逼，真是一刻也不能等。

背后坐了一个男子，站起来猛然转身，身后的旅行袋扫过我肩膀。我身体突地前倾，牛肉河粉的汤洒出来，弄脏了我的衣服前襟。

肇事者匆匆走开，他没看见他对我造成的损害，所以走开。我亦没有喊叫。或许此次行程的终点，有他爱的人在等候。这不相识的人，可怜的犯了错误还无知无觉的人。

然而我负伤逃匿，惨痛如斯，连一碗热汤粉都吃不安生。

生活的规则即是这样：让好的更好，坏的更坏。

这世界没天理。

吃完汤粉，我慢慢晃到候机厅坐下。橘黄色塑料椅子有冰凉暖意。不知为何食欲犹盛，我踱到一旁的免税柜台，掏10块钱买下一小袋熏鱼，回到座位，撕开便吃，不时吮吸手指。

从前并不是这样的。犹记幼时一干小同学笑话我吃饭时脊背挺直咀嚼时闭嘴不言形似老妪，及至长大，方知是教养，极之珍贵。

然而，今天想放肆一把。上演麦当劳做派，狂吮手指。从食指到小指，挨个吮过。

众人侧目。一对老先生老太太微笑着摇头。我知道我的样子很难看，胸前还残留着牛肉汤粉的渍子。隔座小童艳羡地望我，小小手指放入口中，被陪伴一旁的成年女子喝止。我凝视小童，做个鬼脸，然后礼貌微笑，外科医生般举起双手，交替用散发薄荷味的Tempo纸巾一点一点拭净。

天使应该是这个样子的。

手机响起。重生在那头说到时开车去机场接我。我说不必了，我只需两个钟头就到。我说，我落地时，你可能还未到机场。

两个小时之后，天使即将着陆。彼时舷窗外应是这个城市冬天惯常的欲雪未雪的景象，天色青灰，可令绝望者死而复生般失笑。机上广播里，会有温情脉脉的女声款款报告：本次航班即将降落，目前机场地面温度为3摄氏度，请各位乘客注意保暖。

天使用羽翼保暖。我用什么？我两手空空。

大地不可以温暖我，那么就让我去温暖大地。天使不想念，但终有一日，有人会记起天使。

我起身。开始登机。

第五辑

生命的姿势

启 示

◆[新加波]尤今

这是一件发生在童年的小事。

我的老爸爸也许已经把它忘记了，然而，这件事，却对我的一生或多或少地起了影响。

那年，我9岁。

一日，坐在靠近门边的桌前写大楷。门铃响了，爸爸应门，是邻居。两人就站在大门外交谈。

那天风很猛，把我的大楷本子吹得“啪啪”作响，我拿着墨汁淋漓的笔去关门。猛地把门一推，然而，立刻的，大门由于碰到障碍物反弹回来；与此同时，我听到父亲尽力压抑而仍然压不下去的喊声。

门外的父亲，眉眼鼻唇，全都痛得扭成了一团，即连头发，也都痛得一根一根地竖了起来；而他的十根手指呢，则怪异地缠来扭去。一看到我伸出门外一探究竟的脸，父亲即刻暴怒地扬起了手，想刮我耳光；但是，不知怎的，手掌还没有盖到我脸上来，便颓然放下，我的脸颊，仅仅感受到了一阵掌风而已。

邻居以责怪的口气对我说道：“你太不小心了，你父亲的手刚才扶在门框上，你看也不看，就把门大力关上……”

啊，原来我几乎把爸爸的手指夹断！

偷眼瞅父亲，他铁青着脸搓手指，没有看我。

十指连心，父亲此刻剧烈的痛楚，我当然知道；但是，当时的我，毕竟只是一名9岁的小童，我所关心、我所害怕的，是父亲到底会不会再扬起手来打我。

父亲不会。

当天晚上，父亲五根手指浮浮地肿得很大，母亲在厨房里为他涂抹药油。我无意中听到父亲对母亲说道：

“我实在痛得极惨，原想狠狠打她一个耳光，但是，转念一想，我是自己把手放在夹缝处的，错误在我，凭什么打她！”

父亲这几句话，给了我一个毕生受用无穷的启示：犯了错误，必须自己承担后果，不可迁怒他人，不可推卸责任。

谢谢您，爸爸。

生命的姿势

◆佚　名

一对夫妇是登山运动员，为庆祝他们儿子一周岁的生日，他们决定背着儿子登上七千米的雪山。他们特意挑选了一个阳光灿烂的好日子，一切准备就绪之后踏上了征程。

刚天亮时天气一如预报中的那样，太阳当空，没有风没有半片云彩。夫妇俩很快轻松地登上了五千米的高度。然而，就在他们稍事休息准备向新的高度进发之时，一件意想不到的事发生了。

风云突起，一时间狂风大作，雪花飞舞。气温陡降至零下三四十摄氏度。最要命的是，由于他们完全相信天气预报，从而忽略了携带至关重要的定位仪器。

由于风势太大，能见度不足一米，上或下都意味着危险甚至死亡。两人无奈，情急之中找到一个山洞，只好进洞暂时躲避风雪。

气温继续下降，妻子怀中的孩子被冻得嘴唇发紫，最主要的是他要吃奶。要知道在如此低温的环境之下，任何一寸裸露在外的皮肤都会导致体温迅速降低，时间一长就会有生命危险。

怎么办？孩子的哭声越来越弱，他很快就会因为缺少食物而被冻饿而死。丈夫制止了妻子几次要给喂奶的要求，他不能眼睁睁地看着妻子被冻死。然而如果不给孩子喂奶，孩子就会很快死去。

妻子哀求丈夫："就喂一次吧！"

丈夫把妻子和儿子揽在怀中。喂过奶的妻子体温下降了两度，她的体质受到了严重的损耗。

由于缺少定位仪，漫天风雪中救援人员根本找不到他们的位置，这意味着风如果不停他们就没有获救的希望。

时间在一分一秒地流逝，孩子需要一次又一次的喂奶，妻子的体温一次又一次的下降。

在这个风雪狂舞的五千米高山上，妻子一次又一次重复着平常极为简单而现在却无比艰难的喂奶动作。她的生命在一次又一次的喂奶中一点点地消逝。

三天后，当救援人员赶到时，丈夫已经冻昏在妻子身旁，而他的妻子——那位伟大的母亲已被冻成一尊雕塑，她依然保持着喂奶的姿势屹立不倒。

她的儿子，她用生命哺育的孩子正在丈夫怀里安然眠睡，他脸色红润，神态安详。被伟大的爱包裹着的孩子，他是否知道自己有一位伟大的母亲，她的母爱可以超越五千米的高山而在风雪之中塑造生命。

为了纪念这位伟大的母亲、妻子，丈夫决定将妻子最后的姿势铸成铜像，让妻子的爱永远流传，并且告诉孩子，一个平凡的姿势只要倾注了生命的爱便可以伟大并且抵达永恒。

我已经祈祷过了

◆[美]玛萝·托马斯　方亚澜 译

这是一个矿坑灾难现场，38名矿工受困在地底。昼夜不停的白雪逐渐掩盖一切，连同为媒体所架设的电话亭。我跟摄影师卡塞尔轮流替摄影机保温，每晚与CBS电台连线，提供“今夜世界新闻”节目中的报道。就在这时，27岁的我发现了一个在电视新闻界大展身手的绝佳机会。

当参与救援的矿工轮流休息时，就会聚在一起烤火，火花随着雪花四处飘零；热气与黑烟冉冉上升，而那名30多岁的牧师，就在这时开始祈祷：“以上帝之名，我们在此祈祷……”当牧师祈祷时，矿工们开始唱起诗歌：

何等朋友我主耶稣，

担我罪孽负我忧，

何等权利能将难处，

到主面前去祈求。

山区居民的虔诚信仰，噙着泪水的妇女与小孩，从天而降的皑皑白雪，以及从没听过的新教徒圣经诗歌。画面是如此动人，我已在心中盘算好如何呈现这则完美的特写报道，这则报道会在CBS电视新闻中播出，我的声音将穿越美国大陆，出现在农场、都市高楼大厦及西半球的酒店客栈，遍布所有的自由世界。

我的美梦没能持续太久，摄影机发出嘎嘎声——低温导致机油结冻。我无助地站在原地，任凭这神圣的一刻在我眼前结束。我没有画面，没有特写，更没有世界级名声。我们把摄影机挪向烤火桶，当摄影机终于恢复正常，我立刻采取行动。

“牧师，”我恭敬地说，“我们的摄影机刚才出了一点问题，所以没有拍到您完美的祈祷。现在机器恢复正常了，我想请矿工们再唱一次诗歌。”

牧师一脸困惑。“可是我已经祈祷过了，孩子。”他说。

“牧师，我是C—B—S—新闻的记者。”我特别强调自己的出处。

“我已经祈祷过了，”那名牧师回答，“再祈祷一次是不对的。这样做不诚实。”

我真不敢相信我所听到的话。不能再祈祷？拜托。我亲眼看过太多重复祈祷：无论是坠机或各种重大灾难现场，都有牧师、神父或宗教界要人，愿意为姗姗来迟的电视台记者二度洒圣水。这家伙究竟有什么问题？

“牧师，”我还是不放弃，“CBS的200多个联播网电视台都会播出您的祈祷；千万名观众都将目睹与聆听您的祈祷，与您一同祈求上帝拯救受困矿工。”我大言不惭地恳求。为了上全国性电视新闻，我已经到了不择手段的地步。

“不，”他说，“这样做不对！我已经向上帝祈祷过了。”他转身离去，留下CBS新闻小组颓丧地伫立于雪地。

我花了很长的时间才想通这件事。几个月后，我突然发现，那位牧师不愿意跟耶稣“再来一次”，不愿意为我再来一次，不愿意为那些客栈酒馆再来一次，也不愿意为“遍及自由世界的千万人”再来一次，他展现的，正是我毕生所见最伟大的道德勇气。

卧车厢里的人生

◆范春歌

人生有许多奇遇，总是让我遇见，可是上天的安排?

大约是6年前吧，从昆明开完郑和航海研讨会返回武汉。我没有乘飞机，虽说在海拔8000米的高度尽可以做云中漫步。可除了云彩还是云彩，未免单调了些。我喜欢坐火车的感觉，喜欢坐或躺在敞亮的车窗前，大量大地的风景从眼前而过，如果开着窗，还会有旷野的风扑面而来。

那趟列车的软卧车厢里，乘客不多。我坐的这间，除了我，只有一个陌生的男人。他和我一样，自上车就出神地望着窗外，直到列车员进来送开水，我和他才有了开车两小时以来的第一次谈话，黄昏也来了。

很巧，他说他也在武汉下车，还说想在武汉开一家做窗帘的小店，并向我打听这方面的行情(他不知道我的职业是记者)。我对做生意完全是个外行，只是提醒他，武汉这类窗帘店太多了，问他以前干没干过这一行。

他的回答完全出乎我的意料：年初才从监狱里放出来，犯的刑事案，因为在家乡镇上参与团伙斗殴杀死一个人，被判了15年。我听到这里，低头喝了一口水，掩饰自己的紧张。

忽然，列车员在走廊上喊他出去验票。这时我才发现，门不知什么时候在列车的晃荡中被关上了，任他怎么使劲也扳不开。门外两个列车员也忙活了半天，才将门打开了，她们笑嘻嘻地解释说，这个门的确有些问题，好在路上仅两天，让我们将就一点，有事就喊她们，万一听不见，就敲墙板。列车员的工作间在隔壁。

一会儿他验完票回来了，我却满怀心思地出去了。虽说平日不是个太胆小的女人，可想到要和一个杀过人的男人待上整整一夜，还是很不安，想悄悄找列车员调换个房间。

已经走到列车员工作间门口了，我又停了下来，站在走廊里内心挣扎了很久：素昧平生的他向我道出了实情，我却因此不信任他，他肯定会猜测到我中途调换房间的原因，显然对人家是个伤害。我还能想象到列车员听了我道出的缘由后，看到的他的眼神。

我艰难地中止了调换房间的计划，若无其事地回到了原来的铺位。他拿出一个红红的苹果，削得很干净递给了我，继续说他做生意的事儿。这次到武汉是多年前的一位牢友出的路费，那个朋友出狱后自然是找不到工作，从小本买卖做起。后来主要经营窗帘，生意现在做得很大。他还告诉我。当年被判刑之时，女朋友尚在怀孕，后来从乡下独自去了广东，留下一个女儿，由他生活在乡村里的父母照管。当年抓进去的时候，他刚满20岁，父母节省下钱经常坐长途汽车到长沙附近的那座监狱探监，希望他好好改造，出狱后“重新做人”。因为他表现较好，15年的牢狱减成了10年。这10年里。他的父母不算年迈但已是满头银发，还因为他，在村里“不能抬头做人”。10年里，在他被抓走那年诞生的女婴，也长成了一个梳小辫的4年级女孩。

他说，重新做人就从一个儿子做起，让父母过上好日子；从一个父亲做起，让女儿在学校里找回尊严。他还要去广东找到那个据说跟人开了发廊从此下落不明的女朋友，当面向她道歉。他说最对不住的还是那个被他和同伙一气之下杀死的年轻人，那个人吭都没吭就倒在一大摊血水里，10年的牢狱生活中经常浮现那个画面，对他来说，最大的惩罚是它将一生都伴随着他，让他的灵魂永世不安。

黑夜替代了黄昏，整条走廊只有我们这间房的门一直都开着，月光洒在走廊上像铺了一层白银。他躺下去了，将一只黑色的提包紧紧地搂在胸前。

我将门咔嗒关上了。

他翻过身，有泪水细细地渗出来。

列车在夜行，房间渐渐响起他的鼾声。我在夜色中睁着眼睛，没有一丝的恐惧，眼前闪动着各色人生风景。

第二天，他仍然出神地望着窗外，忽然自言自语地说了句“花开了”。我从窗外看出去，漫山的梨树海，一片粉白。

终点站武汉到了，下了火车，我们都没说再见。他单薄的身影很快就被出站的人流裹挟着走远了。

也不知道他是否最终留在了这座城市开窗帘店，但这些年，当我经过那些窗帘店时，偶尔会想到他。

向大树道歉

◆钱星博

在美国，树是受到法律保护的，破坏或者“虐待”树木会受到法律制裁。美国的“树木保护法”中还设有检举制度，对破坏树木的举报者予以一定的奖励。最近，发生在纽约的一桩“虐待树木”案件饶有趣味。

在纽约曼哈顿区有一家快餐店，由于曼哈顿区交通十分拥挤，泊车不方便，那家快餐店生意又好，外卖十分火爆，所以就用自行车送货。美国的自行车一般都不单独装锁，为了防止自行车被偷走，老板丹尼尔便命令送货员把店里的自行车用铁链锁在门口的那棵大树上。没想到此举惹恼了一位正在店中用餐的爱树人士。他给纽约市的公园管理局写去了一封检举信，揭发丹尼尔虐待树木，说：“把自行车用铁链锁在树上，与把一个无罪的人戴上手铐脚镣无异。”

不久，丹尼尔便收到了一张公园管理局的罚款通知书，罚款金额为1000美元，其罪名为“虐待树木”。丹尼尔自知违反了国家有关绿化和保护树木的法律，但又心疼1000美元的罚金，便向管理局认错求情。管理局长听了丹尼尔的请求，觉得这个快餐店老板的态度是真诚的。为了教育丹尼尔并且警醒大家，他提出了一个方案：如果想要免去罚金，丹尼尔必须在指定的某一天的中午12时向那棵树公开赔礼道歉，并且当众拥抱这棵树，以表示和它亲善。管理局还要通知各媒体，让它们来采访这条奇特的新闻，并且在报纸上曝光，以教育群众今后不得将自行车锁在树上。此外，这棵大树管理培育工作今后由快餐店承包下来——如浇水、扫叶和去除残枝等。丹尼尔一口答应下来。

一星期后，“向大树道歉日”来到了。尚未到中午，这棵大树已被新闻记者围得水泄不通了，过路行人也来看热闹。当衣冠楚楚的丹尼尔从快餐店大门走出来时，用餐者也有许多人停餐出来观看，只见丹尼尔大步走向大树，先向它鞠了三个躬，然后高声说：“大树，我的好兄弟，我真对不起你，你吸收了空气中的二氧化碳，又把氧气赐给我们，还给我们遮阴，而我却把铁链锁在你的身上，虐待了你，今后我决不干这些蠢事了，请你原谅！”说完后上前几步，把树抱得紧紧的，并将脸颊紧贴在树上。

围观的群众响起了一阵阵的掌声。

向上走，向下走

◆江北风

甲乙两个大学生要到新华书店去买书。

从学校大门出来，两位同学发生了分歧：学校处于两个候车亭之间，且路途差不多。甲要去上边的候车亭，乙要到下边的候车亭。

甲说："向上走，比下一站早上车，意味着少一些竞争，找到座位的可能性要大得多。"

乙说："向下走，与车辆同向，等到车的机会比向上多，边走边等，多好。"

甲说："我宁可少一些上车的机会，也要找个座位享受一番，站着多难受！"

乙说："年轻人，累点算啥！每向下走一步，就离目的地近一点，实在没有班车，我可以步行到书店。"

甲说："怎么可能没车？"

乙说："怎么不可能？"

两人争执不休，谁也说服不了谁，决定各走各的。一会儿，车来了，乙登上车，车上果然没有座位了，而甲正跷着二郎腿，用嘲讽的眼光看着乙……

毕业后，甲挖空心思，留在了城里，钻进一个各方面条件很好的企业；

乙则回到了自己生长的地方，在一家小企业里做职工。

几年后，甲乙二人在一个订货会上相遇了，甲虽然还是个普通职员，但西装革履、手机皮包。乙虽然是个副厂长，但衣衫寒酸、穷土包样。甲拍拍乙的肩膀说："向上走，舒服一点；向下走，就得艰苦一点喽！"

又过了几年，很多企业实行改制。无突出贡献和技能的甲被裁减出门，成绩突出和能力超群的乙被公推为总经理。甲从报上看到一家公司的招聘简章，登门求职遇到了乙。了解了情况后，乙拉着甲的手说："有时候会没有班车的。"

人生的道路上，对目标的追求必须要高，但实现目标的心态必须要低。

每月第一个礼拜五

◆[美]阿雷詹德奥·迪兹 佚名 译

我用指甲刮去玻璃上的凝霜，朝窗外望去，除了大作的狂风和刺骨的雪花，什么都看不到。没人敢在这样寒冷的冬夜冒险出去，除非他们别无选择。而我的母亲就是那些人中的一个。她正在赶往工作地点的途中，去芝加哥城市商业区打扫办公室。

在母亲出门之前，我慵懒地冲她和弟弟说再见。在她的旧毛线围巾和帽子下，是一双略显疲惫的眼睛。而弟弟瑟萨也被从头到脚地裹了起来，他大大的黑眼珠闪耀着光芒，仿佛要去做的，是一件很神气的事。

每个月的第一个礼拜五，妈妈被允许带着孩子一起去工作。那年我大约十二岁，我的弟弟十岁。

妈妈要在礼拜一至礼拜六的晚上11点至次日早晨6点工作，而从家到工作的商业区需要换乘三辆公共汽车。每月的第一个礼拜五，瑟萨都穿得严严实实跟着妈妈去上班。而我，总是很忙。如果没有棒球训练、篮球预赛或电影，我也总能找出其他借口。我不敢想象自己一晚上不睡觉而在打扫办公室的情景。瑟萨和妈妈有时会请求我一起去，但一段时间之后他们就不再开口，因为我一定会说，不。

每跟妈妈去工作一次，瑟萨就会激动地告诉我，他怎么用吸尘器帮妈妈清扫地毯，除去尘土，并把垃圾倒掉。而最有趣的事，莫过于在晚上和其他工人的孩子玩捉迷藏。和母亲一起工作的大都是移民，那些妇女来自波兰和墨西哥，好多都是我们的邻居，他们也都会在那些礼拜五带着孩子去打扫办公室。这些人千辛万苦费尽周折移民到这里，为的就是能送他们的孩子进教会学校。我的母亲也不例外。

我的父母从墨西哥来到这个国家的时候都不会讲英语，他们能找到的唯一工作只能是体力劳动，尽管如此，母亲从未抱怨过太忙或太累。每天早晨她做好早餐，然后总要等我们放学后，确定我们平安地上床睡觉后她才动身去上班。

律师和牙医们对他们的孩子炫耀自己在商业区的办公室时，是多么惬意啊。而为他们清洁工作环境的我的母亲，却是在周五晚上带着弟弟换乘三辆公共汽车，花费一整个晚上的时间，细心打扫干净每一个角落。尽管我从未亲眼见过母亲是怎样赚钱的，但她在我们面前支付账单的样子，总显得非常高兴和骄傲。

我逐渐长大，升上了高中。我问弟弟，为什么他那么喜欢跟母亲去打扫办公室，用吸尘器吸地毯和倒垃圾真的很有趣吗？他的回答竟完全出乎我的意料：“我不是喜欢跟在别人后面收拾东西，而是喜欢和妈妈待在一起。每天晚上母亲动身去工作时我都会感觉很悲伤，我一直希望她可以不再需要这样工作了，所以每月难得的一次机会，我都要和母亲待在那里，陪着她。”

我一时间羞愧难当。我从没想到弟弟的答案竟是这样。对我来说，打扫办公室是些日常小事，做起来很容易，但我要很奢侈地说不。弟弟却那么乐意陪伴着母亲。

戏剧性的，大学毕业拿到会计学位后，瑟萨在母亲以前打扫了几年的商业区大厦里找到了一份不错的工作。

上班的第一天，瑟萨穿着一身职业装，看起来非常精神帅气。母亲把他的领带打得挺直，亲吻着他的面颊祝福他。但在去停车场的途中，弟弟突然停下来又奔回了房子。他扔下他的公文包，紧紧地抱着母亲开始哭泣。母亲也啜泣着把他拥抱得更紧。她说，清洁女工的儿子长大了。我在一边看着他们拥抱，突然很后悔。母亲和儿子之间流淌的这种爱和温情，让我向往，也让我感动。当我的弟弟还是一个孩子的时候，他所理解的东西已够我花费很多年的时间去学习。他知道怎样向他的母亲表达爱及感恩之情。而且他意识到，某些机会一生中只会出现一次，如果你不去抓住它们，它们就会永远消失。

妈妈几年前去世了，我错过了全心全意和母亲待在一起的那些机会。

过去要是我去打扫那些办公室多好啊。

让人落泪的电话号码

◆一 夫

一天，正走在路上，手机响了，话筒里是个稚嫩的小女孩的声音：“爸爸，你快回来吧，我好想你啊！”凭直觉，我知道又是个打错的电话，因为我没有女儿，只有个6岁的独生子。这年头发生此类事情也实在是不足为奇。我没好气地说了声：“打错了！”便挂断了电话。

接下来几天里，这个电话竟时不时地打过来，搅得我心烦，有时态度粗暴地回绝，有时干脆不接。

那天，这个电话又一次次打来，与往常不同的是，在我始终未接的情况下，那边一直在坚持不懈地拨打着。我终于耐住性子开始接听，还是那个女孩有气无力的声音：“爸爸，你快回来吧，我好想你啊！妈妈说这个电话没打错，是你的手机号码，爸爸我好疼啊！妈妈说你工作忙，天天都是她一个人在照顾我，都累坏了，爸爸我知道你很辛苦，如果来不了，你就在电话里再吻妞妞一次好吗？”孩子天真的要求不容我拒绝，我对着话筒响响地吻了几下，就听到孩子那边断断续续的声音：“谢谢……爸爸，我好……高兴，好……幸福……”

就在我逐渐对这个打错的电话发生兴趣时，接电话的不是女孩而是一个低沉的女声：“对不起，先生，这段日子一定给您添了不少麻烦，实在对不起！我本想处理完事情就给您打电话道歉的。这孩子的命很苦，生下来就得了骨癌，她爸爸不久前又被一场车祸夺去了生命，我实在不敢把这个消息告诉她，每天的化疗，时时的疼痛，已经把孩子折磨得够可怜的了。当疼痛最让她难以忍受的时候，她嘴里总是呼喊着以前经常鼓励她要坚强的爸爸，我实在不忍心看孩子这样，那天就随便编了个手机号码……”

“那孩子现在怎么样了？”我迫不及待地追问。

“妞妞已经走了，您当时一定是在电话里吻了她，因为她是微笑着走的，临走时小手里还紧紧攥着那个能听到‘爸爸’声音的手机……”

不知什么时候，我的眼前已模糊一片……

平分生命

◆佚　名

男孩与他的妹妹相依为命。父母早逝，他是她唯一的亲人，所以男孩爱妹妹胜过爱自己。

然而灾难再一次降临在这两个不幸的孩子身上。

妹妹染上了重病，需要输血。但医院的血液太昂贵，男孩没有钱支付任何费用，尽管医院已免去手术的费用。而且不输血又不行，不输血妹妹就会死去。

作为妹妹唯一的亲人，男孩的血型与妹妹相符。医生问男孩是否勇敢，是否有勇气承受抽血时的疼痛。男孩稍一犹豫，10岁的大脑经过一番深思熟虑，终于点了点头，郑重而又严肃地点头，仿佛作出了一个极其重大的决定，脸上洋溢着勇气与责任的神情。

抽血时，男孩安静地不发出一丝声响，只是向邻床上的妹妹微笑。抽血后，男孩躺在床上一动不动，目不转睛地看着医生将血液注入妹妹体内。

一切手术完毕，男孩停止了微笑，声音颤抖地问："医生，我还能活多长时间？"医生正想笑男孩的无知，但转念间又被男孩的勇敢震惊了：在男孩10岁的大脑中，他认为输血会失去生命。但他仍然肯输血给妹妹，在那一瞬间，男孩所作出的决定付出了一生的勇敢并下定了死亡的决心。

医生的手心渗出了汗，他握紧了男孩的手说："放心吧，你不会死的。

输血不会丢掉生命。”男孩眼中放出了光彩：“真的？那我还能活多少年？”医生微笑着，充满爱意：“你能活到100岁，小伙子，你很健康！”男孩从床上跳到地上，高兴得又蹦又跳。

他在地上转了几圈确认自己真的没事时，就又挽起了胳膊——刚才被抽血的胳膊，昂起头，郑重其事地对医生说：“那就把我的血抽一半给妹妹吧，我们两个每人活50年！”

所有的人都被震惊，这不是孩子无心的承诺，这是人类最无私最纯真的诺言。

同别人平分生命，即使亲如父子，恩爱如夫妻，又有几人能如此快乐如此坦诚如此心甘情愿地说出并做到呢？

所有的人，是的，包括医生，包括护士，包括其他的病人，还包括在尘世间日益麻木并且冷漠的我们。

白衬衫 黑木炭

◆南 北

8岁的帕科放学以后气冲冲地回到家里，进门以后使劲地跺脚。他的父亲正在院子里干活，看到帕科生气的样子，就把他叫了过来，想和他聊聊。

帕科不情愿地走到父亲身边，气呼呼地说："爸爸，我现在非常生气。华金以后甭想再得意了。"

帕科的父亲一面干活，一面静静地听儿子诉说。帕科说："华金让我在朋友面前丢脸，我现在特别希望他遇上几件倒霉的事情。"

父亲走到墙角，找到一袋木炭，对帕科说："儿子，你把前面挂在绳子上的那件白衬衫当作华金，把这个塑料袋里的木炭当作你想象中的倒霉事情。你用木炭去砸白衬衫，每砸中一块，就象征着华金遇到了一件倒霉的事情。我们看看你把木炭砸光了以后，会是什么样子。"

帕科觉得这个游戏很好玩，他拿起木炭就往衬衫上砸去。可是衬衫挂在比较远的绳子上，他把木炭扔完了，也没有几块扔到衬衫上。

父亲问帕科："你现在觉得怎么样？"

他说："累死我了，但我很开心，因为我扔中了好几块木炭，白衬衫上有几个黑印子了。"

父亲看到儿子没有明白他的用意，于是便让帕科去照照镜子。帕科在一面大镜子里看到自己满身都是黑炭，从脸上只能看到牙齿是白的。

父亲这时说道："你看，白衬衫并没有变得特别脏，而你自己却成了一个'黑人'。你想在别人身上发生很多倒霉事情，结果最倒霉的事却落到自己身上了。有时候，我们的坏念头虽然在别人身上兑现了一部分，别人倒霉了，但是它们也同样在我们自己身上留下了难以消除的污迹。"

半壶水

◆佚　名

在波涛汹涌的大海上，一艘轮船不幸失事，大副带着幸存的9名水手跳上了救生艇，在海面上漫无目标地漂流。20天过去了，大家依然看不到一丝获救的希望。大副守护着仅存的半壶水，不许那9个人碰它一下——有水就有活下去的希冀，没有了水，大家就再也难以撑下去了。大副是救生艇上唯一带枪的人，他用枪口对着那9个随时都有可能疯狂地冲上来抢水的水手，任凭他们对着自己咒骂咆哮。

在这9个人当中，最凶悍的是一个秃顶的家伙。他把双眼眯成一道缝，威胁地盯着大副，用他那沙哑的破嗓子奚落他道："你为什么还不认输？你无法坚持下去了！"说着，他猛地蹿上来，伸手去抢壶。大副毫不客气地用枪对准了他的胸膛。秃顶叹一口气，乖乖地坐下了。

为了保护这半壶维系着生命之希冀的淡水，大副已是两天两夜没有合眼了。他告诉自己一定要挺住，否则，秃顶他们会用鲁莽的举动亲手把所有落难者推进死亡的深渊。然而，干渴和困倦折磨得他再也撑不下去了，他握枪的手一点点软下去，软下去……惶急中，他居然把枪塞给了离他最近的秃顶，断断续续地说："请你……接替我。"然后就脸朝下跌进了船舱。

10多个小时过去了，黎明时分，大副醒了过来，他听到耳畔有个沙哑的声音说："来，喝口水。"

——是秃顶！

秃顶一只手拿着淡水壶，另一只手稳稳地握住枪对着其余8个越发疯狂的水手。看到大副满脸疑惑，秃顶略显局促地说：“你说过，让我接替你，对吗？你是领班，是指挥，你就要对其他人负责，你看问题就不能太简单——是这样吧？”

一轮朝日终于送来了一艘救援的船。令救援者万分震惊的是，虽然这10个人干渴得口唇上裂着血口，但大副的手里却握着淡水壶。前来援救的船长从大副紧握的手中接过淡水壶，摇了摇，一种细细的沙沙声通过壶壁传来。船长小心翼翼地拧开盖子，一股细沙从壶里滑落……

宝石不如草

◆蒋光宇

富商奥力姆和他的朋友玛迪，一起来到一座城市。

奥力姆对玛迪说："你知道吗，这座城市曾经救过我年轻的性命。那一年我从这里路过，突然急病发作，昏倒在路旁，是这座城市里最善良的人们把我背到医院，又是这座城市里最高明的医生为我治好了病。我不知道谁是我的救命恩人，因为他们都没有留下自己的姓名。后来我离开了这座城市，随着财富的增加，我越来越思念这座城市，越来越想报答我的救命恩人。"

"那么，你准备为这座城市做点什么呢？"

"把我最珍贵的三颗宝石奉送给这里最善良的人们。"

他们在这座城市住了下来。

第二天，奥力姆就在自己的门口摆了一个小摊，上面摆着三颗闪闪发光的宝石。奥力姆还在摊位上写了一张告示："我愿将这三颗珍贵的宝石无偿送给善良的人们。"可是，过往的行人只是驻足观望了一会儿，然后又各走各的路去了。

整整一天过去了，三颗宝石无人问津。

整整两天过去了，三颗宝石仍遭冷落。

整整三天过去了，三颗宝石还是寂寞无主。

奥力姆大惑不解。玛迪笑了笑说："让我来做个试验吧。"于是，玛迪找来一根稻草，将它装在一个精美的玻璃盒里，盒中铺上红丝绒布，标签上写着：“稻草一根，售价一万美元。”

此举一出，立刻产生轰动效应，人们争先恐后，前来询问稻草的非凡来历。玛迪说这根稻草乃某国国王所赠，系王室家中传家之物，保佑着主人的荣华富贵。结果，此稻草被人以8000美元买去。

三颗宝石依然在熠熠发光，而在人们眼中，只是把他们当做假货，当做哄小孩子的东西而已。

事后，玛迪对奥力姆说：“人们总是对难以到手的东西垂涎三尺，哪怕它只是一根稻草。”

人们对越是轻易可以得到的东西，就越不知道珍惜，甚至把宝物看成废物。宝物放错地方成废物，废物放对地方成宝物。

抱头的动作

◆佚　名

他还不到10岁。在一次同哥哥骑车去郊外的野游途中，出了事。不过他并没有死，而是完完整整地活了下来。

那天，他们把车子骑得飞快，他在前面，道路窄极了，当他发现意外时，一切已经晚了，真的，根本来不及刹车。一大扇钉满大钢钉的木板架横在窄窄的路中央，那是附近一个农场拆掉的，当然，他并不知道，因当时几乎来不及作出任何反应，他的车便重重地撞在上面，一颗大钢钉刺穿了他的头颅。他的哥哥在后面刹住了车，不过哥哥吓坏了，不知所措……

当他被送往医院抢救时，医生惊奇地发现，钢钉丝毫未伤及大脑，而是不偏不倚沿着颅骨的缝隙穿插而过……就这样，他安全地活了下来。

这是个不可用概率来衡量描述的奇迹。后来他形容当时的情景时说：我的天，可怕极了，由于我太高兴而忘乎所以地闭着眼睛同哥哥赛车，睁眼时刚好发现它。我知道我完了，可是在那瞬间我想做最后的挣扎，于是就用双手去抱脑袋，尽管我明白毫无用处，我还是去抱，我想做一下挣扎，真的，我要挣扎一下……

这是10年前我从中央电视台的某个节目上看到的一则报道，他大概是美国人或者英国人。他用一个抱头的动作改变了被刺中大脑的极高概率，从而为生命赢得了机会和权利。他让我记住了他。

是的，当我们面对突来的危机而恐惧和无奈的时候，当我们被窘困潦倒压得喘不过气来的时候，当我们看到终于寻到的一线曦光又被乌云吞噬的时候，当我们被命运扼住了咽喉的时候——我们缺少的，不正是那个抱头的动作吗？

试着挣扎一下，便可能有意想不到的结果。

老鹰的再生

◆佚　名

老鹰是世界上寿命最长的鸟类，它一生的年龄可达70岁。要活那么长的寿命，它在40岁时必须做出困难却重要的决定。

当老鹰活到40岁时，它的爪子开始老化，无法有效地抓住猎物。它的喙变得又长又弯，几乎碰到胸膛，它的翅膀变得十分沉重，因为它的羽毛长得又浓又厚，使得飞翔十分吃力，它只有两种选择：等死，或经过一个十分痛苦的更新过程。

150天漫长的操练——它必须很努力地飞到山顶，在悬崖上筑巢，停留在那里，不得飞翔。老鹰首先用它的喙击打岩石，直到它完全脱落，然后静静地等候新的喙出来。它会用新长出的喙把指甲一根一根地拔出来。当新指甲长出来后，它便把羽毛一根一根地拔掉。5个月后，新羽毛长出来了。

老鹰开始飞翔，重新得力再过30年的岁月！

在我们的生命中，有时候我们必须做出困难的决定，开始一个更新的过程。我们必须把旧的习惯、旧的传统抛弃，使我们可以重新飞翔。我们需要的是自我改革的勇气与再生的决心！

李禾禾的单飞之路

◆陈　梅

2007年4月，已过任职年龄的李肇星离开外交部部长的岗位。他的家庭生活才为人所知，人们开始知道李肇星有个神童儿子李禾禾。禾禾不仅考入美国宾夕法尼亚大学，而且还被哈佛大学工商管理学院录取为硕士研究生。虽然有个高官父亲，但李禾禾在美国一直靠贷款、打工挣学费，生活很低调。为此，李肇星的解释是："我和儿子有君子协议……"

爱子不纵，高官"哭穷"

由于常年担任驻外使节，李肇星夫妇俩很晚才生下儿子李禾禾。为了帮助儿子在人生道路上走得更稳，他们达成一致意见：培养儿子优秀的品质比什么都重要。

李肇星夫妇生活俭朴，在父母的影响下，禾禾从小在吃穿上从不与人攀比。

有一次学校组织春游，禾禾悄悄地问秦小梅："妈妈，春游的时候，我们班同学都带饮料，我带什么？"以前外出，禾禾从来都是很自然地把水壶装上白开水带上。等儿子睡着以后，李肇星和夫人紧急商量，最后的结论是：环境对孩子的影响很大，不能滋长孩子的攀比心理，更不能纵容孩子从小就追求生活享受。

第二天一早，李肇星对儿子说："不是我们不想给你买可乐，之所以不买有几点原因：一、春游时天热，喝白开水比喝甜水解渴；二、吃喝穿戴只是外在的东西，没出息的人才会追求漂亮的外壳。"乖巧的禾禾听进了爸爸的话，从那以后不再提待遇问题了。

父子"不认"，各行其路

禾禾进入高中后，说话做事越来越独立。像所有青春期的孩子一样，他开始挣脱父母的怀抱。

李肇星夫妇一度希望禾禾子承父业，可是说了几次都被儿子一句"我自己的事情我自己决定"顶了回来。

经过冷静思考，李肇星召开了一次家庭会议，宣布：父母将充分尊重禾禾的个人空间和选择的权利，他学习什么，将来去哪里深造，都由他自己决定。但他必须对自己的选择负责，独立面对生活的各种困难，不能利用父母的资源为自己创造条件。禾禾一听，满口答应。

李肇星夫妇对禾禾尽量采取"放任自流"的方式。对于禾禾的东西，他和妻子从不乱动，哪怕是看见他房间杂乱，也只是提醒他适当收拾屋子，绝不越权帮忙。

转眼，禾禾高中毕业了，填报志愿是人生大事，李肇星想来想去，还是忍不住推荐儿子报考自己的母校——北大。谁料，禾禾却轻描淡写地说："我想考清华。"李肇星只好作罢。高考成绩出来后，禾禾被清华大学录取了。

可没等李肇星松口气，突然有一天，禾禾说："爸爸，我不上清华了。"李肇星大吃一惊，不知道他葫芦里卖的什么药。直到有一天，禾禾把美国宾夕法尼亚大学的录取通知书放到李肇星面前，李肇星这才真正领略到儿子的大胆和独立，他事先竟然一点儿口风都不漏，一个人埋头完成了从申请、考试到被录取的整个过程。

雏鹰终于要展翅飞翔了，李肇星叹了一口气，欣慰自豪的同时，心中竟有一丝失落，一方面盼望孩子独立，另一方面当孩子真的单飞时，又有些依依不舍，牵肠挂肚。

父爱博大，雏鹰翱翔

1999年，李肇星担任中国驻美大使。他到美国后，禾禾有时也出入使馆，但是很少有人知道他就是李肇星的儿子，他每次只是来看看父亲就走。2001年，禾禾以年级第一的成绩从宾夕法尼亚大学毕业。两个月后，被美国戴尔计算机公司聘用。

看着儿子青春而自信的脸，李肇星非常欣慰，他感觉到父子俩的心贴得更近了。他和儿子击掌盟誓：他们要互相比拼，看谁能做出更大的成就。

工作了一段时间后，心高志远的他又报考了哈佛大学并被工商管理学院录取为硕士研究生。这次禾禾又"故伎重演"，好几个月后，李肇星才知道儿子又读书去了。哈佛大学有多难考啊，可以想象儿子一边工作一边备考的紧张和辛苦。禾禾没有向父母提学费的事，他说学费和生活费由自己的储蓄和银行贷款支付就足够了。

2003年，李肇星就任中国外交部部长。重视"外交为民"的李肇星主张让民众走进外交部，实地了解中国外交。渐渐地，在美国也有些人知道李禾禾是李肇星的儿子。有人提出资助李禾禾在美国的学费和生活费；很多外国大公司都想争取禾禾到他们公司工作，李禾禾一概拒绝。一方面他不愿意利用父亲的关系得到任何不属于他的东西，另一方面，他也不能让别人利用他损害父亲和祖国的利益。

2007年4月，已过任职年龄的李肇星离开外交部部长的岗位。此时，禾禾也将从哈佛大学毕业。父亲已退休，他不再担心生活在父亲的光环下，他决定回国效力。知道儿子的想法后，李肇星非常高兴，这样父子俩就可以生活在一起了。到那时，他就会满面春风地说：多年父子成兄弟，踏平坎坷成大道！

每个人都是自己的英雄

◆[美]米歇尔·瑞安　佚名 译

对于檀咪·希尔来说，2002年感恩节是个快乐的日子。她开车载着三个孩子——一岁零八个月的特里莎、四岁的特劳妮和七岁的特杜斯，去她的父母家吃晚饭。那里距她自己家只有半个小时车程。

晚餐后，夜色深沉，在把孩子们放进车里的小孩座位之前，她先给他们穿上了睡衣。因为在回家之前他们就会在车上睡着，到时候，她只需直接把他们抱到床上就行了。

这是这个家庭破裂之后过的第二个感恩节。檀咪和她的丈夫阿丹斯两年前离婚了，每天晚上八点，孩子们都会准时接到父亲的电话。

那个星期四，在开车回家的路上，檀咪接到了阿丹斯的电话，她把手机递给了儿子特杜斯。小男孩刚刚说完拜拜，电话又响了。由于够不到特杜斯手上的手机，她解开了安全带。当她靠近儿子的手时，卡车失控了。

“我开进了路旁的沟里，车子弹起了两次，”檀咪回忆道，“幸运的是，孩子们都在后面的车座上。我被甩出车窗，立刻就不省人事了。”

这个夜晚乌云满天，没有月亮，也没有繁星。阿丹斯的孩子们的生活就在这几秒钟改变了。妈妈不见了。他们呆在一条死寂的马路上的一辆卡车里，风从破了的车窗吹了进来，几乎能把人冻死。他们看不到自己的妈妈也听不到她的声音——她在离车几米远的地方失去了知觉。特杜斯一下子变成了这个家的家长。

“我们动了动，但是被安全带绑着。”特杜斯回忆说，“我解开安全带的扣子。我有一些害怕，但是看到惊慌的妹妹们，我又不是特别害怕了。”

特杜斯小心地拉过毯子，盖在两个小妹妹身上，并告诉她们他得现在出去求救。他从破了的车窗爬出去找妈妈。可是外面一团漆黑，他什么也看不见。而在离公路几里远的地方，他看到了牛奶场的灯光。

“特杜斯其实很怕黑，”檀咪讲起了自己的儿子，“每天晚上睡觉的时候，他总是让卧室亮着灯。我很惊讶他会勇敢地爬出卡车。”

“天冷极了。”特杜斯说。那天的天气报道说结了冰，但是他仍然爬了出去，穿着小睡衣和小袜子。

“他穿过三重篱笆，包括一通电网，”他的妈妈说，“他被划破了耳朵和脸蛋。”

大约五分钟后，特杜斯到达了牛奶场，在一所房子面前停了下来，那是一所移民工人的房子。他们立刻意识到这个小男孩有苦衷，但是他们都不会说英语，无法和他交流。其中一个人立刻跑去找来了翻译。

那个工人很快带来了一个既会说英语又会说西班牙语的邻居。那个人马上拨打911，并带着特杜斯回到了事故现场。

彼得是第一个赶来的警察。“特杜斯太令人吃惊了，”他说，“在这么一场事故之后，他还能准确地告诉我他的妹妹们的生日，和两个亲戚的电话号码。我知道他被吓坏了，因为他走到农场对大人们讲话的时候声音都是颤抖的。但这个孩子真是难以置信，他给了我所有需要的信息。”

救援人员听到了沟里传来的呻吟声，檀咪躺在离卡车几英尺的地方。当救援人员找到她的时候，她苏醒了一会儿，就又昏迷过去。救护车迅速把檀咪送到了医院，医生说如果晚来一刻钟的话，檀咪就可能失血过多没命了。檀咪一直昏迷了三天，当她苏醒过来后，全美的电视和报纸都对特杜斯在那样危急的关头救了全家的事迹进行了报道。

在医院躺了一个月后，檀咪逐渐恢复了健康。美国著名脱口秀节目把檀咪一家邀请了过去，在节目上特别采访了七岁的小男孩特杜斯，女主持人奥普拉·温弗莉问特杜斯："听你妈妈说，平时你是很怕黑的，天气那么冷，妈妈不见了，是什么力量让你跑了几英里的路来找援兵的？难道你不怕吗？"小特杜斯脸红红的，略带羞涩地说："是的，我当时很害怕，可是我必须做英雄。妈妈不见了，我就应该是两个妹妹的英雄，我必须救他们，救我们的妈妈。我希望我们一家人能永远快快乐乐地生活在一起……"特杜斯的话一说完，节目现场响起热烈的掌声，主持人奥普拉也颇为激动地说："是的，当我们面对危险的时候，我们都应该成为自己的英雄，其实每个人都是自己的英雄，这是我们的小英雄特杜斯告诉我们的。"

声　明

本书在编选文章时参阅了部分报刊和著作，虽经多方努力，直至书稿出版之际，仍未能与部分作品的原作者和译者取得联系，在此深表歉意。请这部分作者和译者见到本书后及时通过出版社与编者联系，以便编者按国家相关规定支付稿酬及赠送样书。

联系电话：010-65267783

邮　　箱：qunyancbs@126.com